AF174333

¡Ssssssshhhhhhhhhhh!

Haz del teatro algo íntimo

Llévalo siempre en el bolsillo

Cubierta y diseño editorial: Éride, Diseño Gráfico
Dirección editorial: ángel jiménez

Primera edición: mayo, 2025

Lo niego, me niego, reniego
© Jesús Campos García
© VdB, 2025
Espronceda, 5
28003 Madrid

VdB

ISBN: 979-13-87644-04-8
Depósito Legal: M-11481-2025
Diseño y preimpresión: Éride, Diseño Gráfico

 Este libro protege el entorno

lo niego, me niego, reniego
(para acabar a tiro limpio)

Jesús Campos García
(Jaén, 1938)

Es un autor teatral, director y escenógrafo español. Cuenta con los Premios Nacional de Literatura Dramática, Tirso de Molina, Lope de Vega y Borne, entre otros. Desde 2016 es Presidente de Honor de la Asociación de Autores de Teatro.

En su teatro propone una mirada crítica hacia la sociedad española, con buenas dosis de humor negro. Ha llevado a cabo una experimentación con distintos lenguajes escénicos y a través de diferentes géneros dramáticos, desde el auto sacramental hasta la comedia, siempre sometiéndolos a una profunda revisión.

En 1975 formó el grupo Taller de Teatro, con el que montó varias de sus obras entre 1975 y 1990; entre ellas, *Nacimiento, pasión y muerte de... por ejemplo: tú; 7000 gallinas y un camello, Es mentira y Entrando en calor.* En 1997 funda la compañía Teatro A Teatro, con la que pone en escena: *A ciegas, Triple salto mortal con pirueta, Danza de ausencias, Naufragar en Internet, Patético jinete del rock and roll y d.juan@simetrico.es,* entre otras. Su último estreno hasta el momento es *... y la casa crecía,* estrenada en 2016 en el Teatro María Guerrero. Todas las obras citadas han sido dirigidas por el propio Campos, que además se ha encargado del diseño de la escenografía. También ha intervenido como actor en algunos de sus montajes.

JESÚS CAMPOS GARCÍA

lo niego, me niego, reniego
(para acabar a tiro limpio)

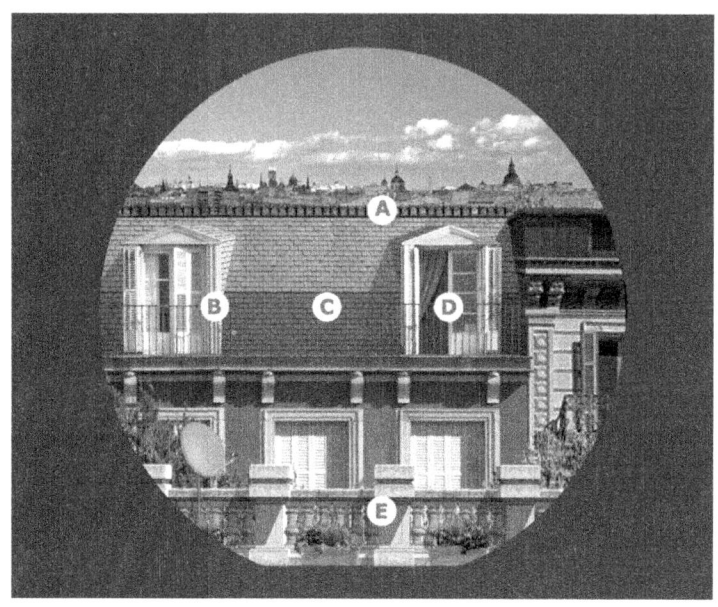

Al comenzar la representación, vemos los pisos altos de algunos edificios con una panorámica de la ciudad al fondo. Uno de estos edificios tiene un tejado de pizarra y dos balcones abuhardillados, entre los cuales hay una amplia cornisa. Y en primer término –situada en el proscenio– vemos la terraza de la casa de enfrente.

Posiciones a las que se hará referencia:

A. Tejado de pizarra.
B. Balcón de la casa de CONTRERAS.
C. Cornisa.
D. Balcón de la casa de la VECINA.
E. Terraza del ático de enfrente.

A Manolo y Jesús Hontanilla, amigos y compañeros
en tantas y tan diversas aventuras

Personajes

CONTRERAS
VECINA
FOTO
ÁNGEL
MADRE
POLI
DOÑA AURORA

 3 4

*Encaramado en la cornisa –posición C–, ve-
mos a un hombre de mediana edad, un poten-
cial suicida. Viste pijama a rayas y parece tener frío. De la calle llegan ruidos imprecisos
de gente que se arremolina.*

CONTRERAS   (*Gritando.*) ¡Señora! ¿Quiere quitarse de ahí?
(*Pausa.*) Sí, sí, usted, a usted le digo. ¿No ve
que si me tiro puedo caerle encima? (*Para
sí.*) Cómo son. (*Pausa.*) ¡Señora, que se aparte! (*Para sí.*) Guarra de mierda. (*Vuelve a
asomarse.*) ¡Pues no me está poniendo ner-
vioso...? (*Pausa.*) Oiga, que si lo que quiere
es matarse, no tiene más que subirse y se tira
por su cuenta, que aquí hay cornisa para dos.
(*Para sí.*) De buena gana le pegaba un tiro.
(*Dándose una palmada en la frente.*) ¡Ay, coño,
la pistola! ¿Pero cómo se me ha podido olvidar una cosa así? Tenía que haber caído.
¡Qué fallo! Seguro que en la cárcel hubieran podido pasarme una sin problema. No
es que el salto esté mal, un salto siempre im-
pone, pero que con una pistola hubiera quedado mucho más lucido. (*Arrecian los ruidos de la calle.*) Y anda que cortan el tráfico... Siempre igual: toda la vida cubriendo
sucesos y aún no he visto un suicidio como

Dios manda. Ni una ambulancia, ni un cura, ni un agente… ¡Qué país! (*Mirando hacia abajo.*) Y que no se aparta. De buena gana me tiraba encima, a ver si la aplastaba. Y si no, al perro. ¿Eso es un perro? Eso es una rata. Vaya mierda de perro. Los perros así tenían que estar prohibidos. (*Ruido de niños.*) Lo que faltaba. Y vaya patulea. Los podían haber aguantado un rato más en el colegio. En cambio, los bomberos… Claro que a saber si los han llamado. Es que ni la tele. Bueno, la tele... No han venido ni los del periódico. Y a ver a quién mandan. Se van a enterar. Les voy a dar un titular… Algo contundente. A ver qué se me ocurre. (*Queda pensativo.*) Sí, eso. Qué bueno. Mejor lo apunto, no sea que se me olvide. (*Se palpa los bolsillos.*) ¡Vaya por Dios!, ahora no tengo con qué. Iré a por un bolígrafo.

(*Hace ademán de saltar la barandilla del balcón para entrar en su casa –posición B–, cuando irrumpe la* VECINA *en el balcón contiguo –posición D–. Lleva rulos en el pelo, viste una bata fucsia y calza zapatillas extremadamente abultadas con forma de conejo.*)

VECINA   Hola, buenas.

CONTRERAS   (*Se vuelve sobresaltado.*) ¡Joder! También la oportunidad.

(*Y fuerza una sonrisa.*)

VECINA   ¿Y cómo *usté* por aquí?

          (*Señalando la cornisa.*)

CONTRERAS Pues ya ve.

VECINA   O sea, que es verdad eso que dicen.

CONTRERAS Depende de lo que digan.

VECINA   Que se va *usté* tirar. Que va a matarse.

CONTRERAS Pues mire, sí, en eso estoy.

VECINA   ¿Pero de *verdá*, de *verdá* de la buena?

CONTRERAS (*Irritado.*) Si quiere, se lo firmo.

VECINA   No daba crédito. Oiga *usté*, mire *usté*, escu-
          che *usté*; es que me lo estaban contando y
          que no daba crédito.

CONTRERAS Pues... ya ve.

VECINA   Un hombre tan serio. Y tan cabal. (*Pausa.*)
          Los amores, claro, que son muy traicione-
          ros. Y que ya no hay mujeres como las de
          antes.

CONTRERAS (*Resolviendo.*) Bueno, mire, dejémoslo.

VECINA   Y es que está el mundo… Hay que ver cómo
          está el mundo.

11

CONTRERAS   Verá, tal vez en otro momento...

VECINA   Por eso a mí nunca me gustó salir. Yo es que
he sido siempre muy casera; que *pa* lo que
hay que ver, pongo la tele... y allá películas.
Y en eso estaba cuando me llamó doña Aurora: viendo una de risa.

CONTRERAS   Pues ale, ale, a reírse. Por mí no lo deje.

VECINA   Qué buenas las películas entonces. Ya sabe,
las que hacían antiguamente. Pero a lo que
iba: que estaba yo riéndome tan ricamente
cuando suena el teléfono... y bueno, bueno, bueno, qué notición. A punto estuve de
que me diera un soponcio. Es que fue des-
colgar y me suelta, así, de sopetón: «Tu ve-
cino, que se tira». *Pasmaíta* me quedé. «Que
se tira, chiquilla, que se tira», gritaba sin parar. «Noooo. No puede ser», le dije yo. «Que
se tira y te lo vas a perder», me dijo ella.
«¿Pero cómo se va a tirar, con lo serio que
es?». Porque es que *usté pa* mí, siempre ha
sío una persona muy seria.

CONTRERAS   Bueno, lo normal.

VECINA   De pequeño, no le digo yo que no —que tampoco vamos a decir una cosa por otra—, pero
fue crecerle el bigote y lo serio que se vol-
vió. Y bueno, ella: «que salgas, que es muy
emocionante», y yo: «que no, que me da

mucho corte», y ella: «que se tira, chiquilla, que se tira». Y así me ha *tenío*, erre que erre, hasta que me convenció.

CONTRERAS   Pues qué bien.

VECINA   Y que yo no hubiera salido: por estas. (*Y se besa la cruz formada por el índice y el pulgar.*) Que a una servidora no le gusta fisgar en la vida de nadie; pero claro, tratándose de *usté*, hice un poder.

CONTRERAS   (*Con retintín.*) No sabe lo que le agradezco el interés.

VECINA   Por eso y porque insistía, que ya sabe *usté* cómo es doña Aurora.

CONTRERAS   No, no lo sé.

VECINA   ¿Cómo que no?

CONTRERAS   Pues no, no tengo el gusto.

VECINA   Sí, hombre, si la tiene *usté* que conocer. Que está casada con un viudo. (*Y mira hacia ambos lados para asegurarse la confidencialidad.*) Bueno, casada… *Arrejuntá*. Eso sí, con un señor de posibles, no se vaya *usté* a creer. Pero *arrejuntá*.

CONTRERAS   Que no le digo que no, pero que no sé quién es.

VECINA   (*Señalando la posición E.*) Pero si vive ahí
              enfrente. En el ático; que tiene que haberla
              visto en la terraza.

CONTRERAS   ¿Una rubia?

VECINA   Sí, una rubia muy rubia. De bote. Pero muy
              rubia.

CONTRERAS   ¡Acabáramos!

VECINA   ¿Ve? Si ya le decía yo.

CONTRERAS   La guarra del perro.

VECINA   Mismamente. Pero de guarra nada, que va
              ella va siempre muy *espercochá*.

CONTRERAS   Todo lo *espercochá* que usted quiera. Aho-
              ra, el perro es un canijo.

VECINA   Sí señor, un *chinagua* dice ella que es. Pero
              que es una fiera; que *to'* lo que *tié* de chico
              lo *tié* de malo, el *mu' condenao*. (*Enseñándo-
              le el tobillo.*) Mire, mire qué mordisco.

CONTRERAS   Pues ahí los tiene. En primera fila. A la fie-
              ra… y al perro.

VECINA   Huy, sí. (*Saluda con grandes aspavientos.*)
              ¡Eh, eh! (*A* CONTRERAS.) Ahora, lo mismo
              que le digo una cosa le digo otra: es una

vecina…, buena, buena donde las haya; siempre pendiente de todo el mundo.

CONTRERAS De eso no me cabe la mínima duda.

VECINA Y para muestra, un botón, que si no llega a ser porque tiene el detalle de avisarme… pues que me lo hubiera perdido. Vamos, que no lo hubiera visto.

CONTRERAS (*Tratando de resolver.*) Ale, pues ya me ha visto.

VECINA Y muy bien visto, si *señó*, las cosas como son. (*Duda entre retirarse o no.*) Claro que, ya que estoy aquí, si le puedo ayudar en algo…

CONTRERAS Gracias, pero no necesito nada.

VECINA Porque yo ya se lo dije a doña Aurora: «Vale, me asomo; pero solo para ofrecerme, por si le puedo ayudar en algo».

CONTRERAS Pues ya le digo, no necesito nada.

VECINA Sin cumplidos, ¿eh? *Usté* pida lo que se le antoje que, aunque nos hemos *tratao* poco, *usté* ya sabe que yo fui muy amiga de su santa madre, que en Gloria esté, y con eso me basta y me sobra para que yo le tenga ley. (*Mira hacia abajo, como por casualidad.*) ¡*Osú*, qué *barbaridá*!, pero si está todo el barrio.

Contreras	Sí, hay mucha animación.
Vecina	Mire, mire, mire. (*Saludando a unos y otros.*) Es que están todos.
Contreras	(*Irónico.*) No sé, supongo que sí, no los he contado.
Vecina	(*Sin dejar de saludar.*) Pues menos mal que me avisó. Que si no, menudo chasco, estar viviendo *paré* por *mitá* y perderme una cosa así, tan *señalá*.
Contreras	No pensé que pudiera interesarle. (*Con retintín.*) De haberlo sabido, la hubiera avisado personalmente.
Vecina	(*Saludándola.*) Hasta la panadera, que no puede la pobre con sus piernas y mírela, ahí está. Es que no falta nadie.
Contreras	Los bomberos.
Vecina	¿Los bomberos?
Contreras	Sí, los bomberos. ¿Ha llamado alguien a los bomberos?
Vecina	Ah, pues no sé.
Contreras	Pues lo primero que hay que hacer en estos casos es avisar a los bomberos. Cuando se

ve que alguien se va a tirar desde una cornisa, lo suyo es avisar a los bomberos.

VECINA   ¿Para?

CONTRERAS   (*Exasperado por la evidencia.*) Ellos tienen
escaleras, que eso siempre crea ambiente;
pero, sobre todo, para que pongan la lona.

VECINA   ¿Pero *usté* no quiere matarse?

CONTRERAS   Sí, pero es que con la lona se mata uno mucho mejor. Más cómodo.

VECINA   Fíjese, pues no había caído yo en eso.

CONTRERAS   Pues hay que caer. Que para eso están las
emergencias, para llamarlas. ¿Le suena el
112? (*La* VECINA *asiente.*) Pues eso. Se les
hace una llamada y acude todo el mundo:
los bomberos, las ambulancias, la Policía…
Pero claro, si no les avisa nadie…

VECINA   (*Cayendo en la cuenta.*) Eso a quien se le tiene que dar muy bien es a Doña Aurora, que
ella es muy dispuesta… (*Y se asoma al balcón para llamarla.*) ¡Aurora!

CONTRERAS   Calle, por Dios.

VECINA   (*Llamándola.*) ¡Eh, oiga!

CONTRERAS   ¡Quiere callarse? Eso tiene que salir de ellos, ¿no ve que van a pensar que estoy pidiendo ayuda? Quedaría ridículo.

VECINA   Pues lo haría encantada.

(*Y la saluda sin más.*)

CONTRERAS   Seguro. Eso seguro.

VECINA   Vamos, que lo disfrutaría. Pues anda que no le gusta a ella organizar. En la comisión de festejos, como es la presidenta, se monta unos *tinglaos*…

CONTRERAS   Mire, ya está bien de verbenas.

VECINA   Que yo era por ayudar.

CONTRERAS   Pues mire, si lo que quiere es ayudar, la mejor ayuda es que no ayude.

VECINA   ¿No le estaré importunando?

CONTRERAS   (*Amplio e irónico.*) ¿Por?

VECINA   No, porque lo mismo está *usté* a punto de tirarse y estoy yo aquí, entreteniéndole con tanta cháchara.

CONTRERAS   (*Sacando pecho.*) Usted por eso no se preocupe, que cuando yo diga de tirarme, a mí no hay quien me pare.

(*Y hace como si fuera a saltar. Se acrecienta el murmullo que sube de la calle.*)

VECINA   Pues *usté* a lo suyo. Y en cuanto le dé el repente, por mí no se lo aguante. (*La* VECINA *apoya los codos en la barandilla y se queda mirándole fijamente; al tiempo que* CONTRERAS *mira a la* VECINA *y al vacío alternativamente, sin decidirse.*) Oiga, que si le distraigo, me meto. No quisiera yo que por mi culpa…

CONTRERAS   (*Con ironía.*) Usted, en su balcón, es muy dueña de hacer lo que le venga en gana.

VECINA   Es que a una servidora no le gusta molestar. Y que conste que, si me he quedado, ha sido por darle un ratito de conversación; pero que yo por mí, como comprenderá, hubiera preferido verlo desde abajo con las amigas. Que a ver qué pinto yo aquí sola después de que *usté* se tire. Pero claro, me dije, ¿y si necesita algo?

CONTRERAS   (*Exasperado, pero para sí.*) ¡Que se vaya!, es lo que necesito.

VECINA   Y por eso ha sido el quedarme. También por no perdérmelo, que ya tendría guasa que se tirara mientras esté bajando en el ascensor.

CONTRERAS   (*Recomponiéndose.*) Mire, si es por eso, baje tranquila, que yo la espero.

VECINA   ¿Me esperaría?

CONTRERAS   Por supuesto. Faltaría más. (*Para sí.*) Con tal de que se vaya...

VECINA   (*No muy convencida.*) Verá, no sé, es que esto de matarse, si se deja para luego, puede uno arrepentirse. Y tampoco quisiera yo...

CONTRERAS   Está decidido, y yo, cuando decido una cosa... Ahora, eso no quita para que pueda esperarla unos minutos.

VECINA   (*Señalando su atuendo.*) Bueno, ¿sabe?, es que tendría que arreglarme.

CONTRERAS   (*Perdiendo los nervios de nuevo.*) Mire, haga lo que tenga que hacer, pero hágalo ya de una vez y no le dé más vueltas.

VECINA   (*Iniciando el mutis.*) ¿No le importa? (*Dubitativa.*) Es que no sé; ¿y si necesita algo?

CONTRERAS   Créame que, en este momento, lo único que necesito es que entre, se arregle y se baje a la calle.

VECINA   No, mire, mejor me quedo. No sea que luego se le ocurra alguna cosa y no tenga a quién pedírsela.

CONTRERAS   (*Desesperado.*) ¡Pero señora, qué se me va a ocurrir?

VECINA   Ay, no sé, lo que se le ocurra.

CONTRERAS   (*Para sí.*) La mato.

VECINA   Además, que lo hago con gusto.

CONTRERAS   (*Para sí.*) Con gusto, la mataba yo.

VECINA   Y por el recuerdo de su santa madre.

CONTRERAS   (*Con fastidio.*) Que en Gloria esté.

VECINA   Así que no se prive y pida *usté* lo que le an-
              toje: una muda, un caldo, un empujón; en
              fin, lo que se le antoje.

CONTRERAS   Es igual, déjelo, no se moleste.

VECINA   Pero si no es molestia. (*Disponiéndose a ello.*)
              ¿Quiere que le empuje?

CONTRERAS   (*Poniéndose a salvo.*) No, gracias, de verdad,
              no se moleste. (*Para sí.*) Señor, qué señora.
              (*A* VECINA.) Ahora, si no hay más remedio,
              prefiero un caldo.

VECINA   ¿Ve?

CONTRERAS   (*Frotándose los brazos.*) Sí, un caldo calien-
              te me puede venir bien.

VECINA   Y tanto, que menuda rasca. (*Se escucha el
              timbre de la puerta, aunque muy débilmente.*)

Espere a ver, que parece que están llamando. (*Quien sea repite la llamada. Ahora con insistencia.*) Un momento, eh. (*Inicia el mutis, pero se detiene.*) Y usté no se tire, que ahora vuelvo.

(*Mutis.*)

CONTRERAS   Castigo de mujer. Una metomentodo, eso es lo que es. (*Pausa.*) A ver, a ver, ¿en qué estaba…? ¡Ay, coño, el titular! Tengo que darles el titular. Voy a apuntarlo antes de que lleguen los bomberos, no sea que se me olvide. (*Hace de nuevo el intento de saltar al balcón de su casa –posición B–, pero se detiene al oír voces en la casa de la* VECINA.) ¿Quién será? (*Tratando de adivinarlo.*) Los bomberos, no; ni las ambulancias; que a esos se les oye venir. (*No muy convencido.*) ¿La Policía? (*Buscando entre la multitud.*) Esperemos que no sea Doña Aurora. (*Finalmente la localiza.*) Menos mal que está ahí, con esa mierda de perro. (*La* VECINA *sale al balcón –posición D– empujada por* FOTO, *un reportero gráfico que se abalanza hacia la barandilla y dispara su cámara sin mediar palabra, mientras* CONTRERAS, *estoicamente, se deja fotografiar. Para sí, refiriéndose al fotógrafo.*) Bueno, menos mal; que ya iba siendo hora.

VECINA   (*Detrás de* FOTO.) Este señor tan simpático, que quería hacerle una foto.

CONTRERAS   (*Para sí.*) ¡Una?

FOTO   No le importa, ¿verdad?

CONTRERAS   Pues claro que me importa, si voy a matar-
              me es precisamente para eso, para que me
              hagan fotos. Y no uno, cientos de fotógra-
              fos tenían que estar ya aquí.

FOTO   Disculpe. Verá, yo es que necesitaría hacer-
              le unas fotos, no sé, más…

CONTRERAS   ¿Más dramáticas?

FOTO   Más expresivas.

CONTRERAS   Pues adelante; ¿a qué espera?

              (*Dice adoptando una actitud melodramática.*)

FOTO   ¿No le importaría mirar al vacío?

CONTRERAS   (*Exagerando aún más el ademán.*) ¿Así?

FOTO   (*Mientras dispara la cámara de forma com-
              pulsiva.*) ¿Y mirándome a mí?

CONTRERAS   (*Mirándole con descaro.*) ¿Le vale así?

FOTO   Estupendo. Y ahora, como si estuviera di-
              ciendo algo antes de saltar.

CONTRERAS   (*Iracundo.*) ¡Bueno, ya está bien! Usted haga lo que tenga que hacer, pero ni me diga que haga, ni me haga que diga. Que bueno está ya lo bueno.

FOTO   Oiga, tampoco hay por qué ponerse así.

CONTRERAS   Me pongo como me dé la gana. (*Para sí.*) ¡No te jode?

VECINA   Por favor, repórtese. ¿Qué diría su santa madre?

CONTRERAS   ¡Pues no quiere que pose?

FOTO   No, si yo por mí… Pero ya sabe, el público tiene derecho a saber.

CONTRERAS   ¿Ah, sí? Pues el que quiera saber, que suba y que se tire: que así es como se aprende.

FOTO   (*Reparando en ello.*) Oiga, yo a usted le conozco.

CONTRERAS   ¿Eso cambia las cosas?

FOTO   No, pero que le conozco.

VECINA   Bueno, es que este señor, así, en pijama, desmerece mucho; pero se pone una zamarra de esas que llevan ustedes y coge su cámara de fotos, y enseguida se le ve que es periodista, así como *usté*.

FOTO ¡O sea, que es del oficio? Con razón me sonaba su cara.

VECINA Es que el mundo es un pañuelo.

CONTRERAS ¡Sucio! Un pañuelo sucio. Vamos, un asco de pañuelo.

FOTO ¿Y trabaja en algún medio?

CONTRERAS En «La Voz de su Amo».

FOTO ¡Jo! Qué casualidad: yo también. Yo soy Foto. Habrá oído hablar de mí.

CONTRERAS Pues no.

FOTO Sí, hombre, del dominical. Nada, saraos y congresos; pura rutina.

VECINA (*Para sí.*) Lo que yo decía, un pañuelo.

CONTRERAS Sucio.

FOTO Aunque a mí lo que me gustan son los sucesos. No solo por la sangre, que también, sino por la variedad.

VECINA Bueno, yo, mientras ustedes hablan de sus cosas, voy a prepararle el caldo; que no crea que me había olvidado.

CONTRERAS Déjelo, pero si es igual.

VECINA   ¿Cómo va a ser igual?

FOTO   Oiga, pues eso del caldo puede estar muy bien.

VECINA   Si le apetece, le traigo a *usté* también una tacita.

FOTO   No, lo decía, por hacerle una foto con la taza en la mano.

CONTRERAS   ¡Espléndido! Y ya de paso, anunciamos una sopa de sobre.

VECINA   De sobre, nada; que aquí una servidora, el caldo de cocido lo hace con cocido. Y bien rico que me sale. ¡Vamos, hombre! ¡De sobre, dice! (*A* FOTO.) ¿Y qué, se anima?

FOTO   Pues, mire, sí, que apetece tomar algo caliente. (*A la* VECINA.) Aunque tampoco conviene entretenerle demasiado. (*Aparte.*) No sea que se arrepienta.

VECINA   (*Iniciando el mutis.*) Nada, si es solo calentarlo. (*Según sale.*) Estoy de vuelta en un periquete.

        (*Y hace mutis.*)

FOTO   Una buena mujer. Y muy dispuesta.

CONTRERAS   Sí, dispuesta a todo.

FOTO	Ya veo que la conoce. Porque son vecinos, ¿no?
CONTRERAS	Treinta años lleva tratando de entablar conversación. Aunque hasta hoy había conseguido evitarla.
FOTO	Pues ya es evitar.
CONTRERAS	Y eso que era amiga de mi santa madre. (*Pausa.*) Que en Gloria esté.
FOTO	No sabe cuánto lo siento.
CONTRERAS	Está muy fallecida. Vamos, que hace ya mucho tiempo que falleció.
FOTO	Ah.
CONTRERAS /FOTO	(*Y tras una pausa, ambos dicen a un tiempo.*) O sea que trabaja en «La Voz de su Amo».
	(*Risas.*)
FOTO	Qué coincidencia, ¿verdad?
CONTRERAS	Sí, una suerte; así todo queda en casa.
FOTO	Lo del dominical eran solo colaboraciones. Aunque no crea, encargos importantes.
CONTRERAS	(*Con cierto fastidio.*) Pues no sabe cuánto me alegro.

FOTO   Pero hace una semana me hicieron de plantilla.

CONTRERAS   Pues no sabe lo que me sigo alegrando.

FOTO   ¿Y a que no se imagina a qué sección me mandaron?

CONTRERAS   A necrológicas.

FOTO   ¡A sucesos!

CONTRERAS   Pues eso.

FOTO   Vamos, que ni a pedir de boca. Cuando me lo dijeron, por poco me da algo.

CONTRERAS   Pues empezar con un infarto hubiera sido un gran comienzo.

FOTO   Figúrese, yo en sucesos. Por lo visto, al anterior le dieron la papela.

CONTRERAS   (*Fingiendo desinterés.*) ¿Ah, sí?

FOTO   Un tipo raro, ya sabe.

CONTRERAS   Pues no, no sé.

FOTO   ¡Quería escribir editoriales! ¡Un fotógrafo! Y quería escribir editoriales. Para qué le digo más.

CONTRERAS   Sí, mejor no me diga más.

FOTO   Pues como lo oye. (*Pausa.*) Yo, para mí, que
              eso es falta de vocación. Manías de grandeza.

CONTRERAS   Probablemente.

FOTO   Aunque en la redacción decían que le hacía
              el juego a la competencia. Y algo de verdad
              puede que hubiera. O a ver, si no, cómo se
              explica que siempre llegara tarde.

CONTRERAS   Pero si los fotógrafos no fichamos.

FOTO   Con los reportajes. A los reportajes me re-
              fiero. Hay sucesos que se publicaron en el
              aniversario.

CONTRERAS   O sea, que es así como lo cuentan.

FOTO   Como lo oye. Ahora, eso sí, cuando lo des-
              pidieron, no se puede imaginar cómo se
              puso. Y eso que parecía una mosquita muer-
              ta. Bueno, ya se habrá enterado.

CONTRERAS   Pues no.

FOTO   ¿Pero cómo? ¿Es que no va por la redacción?

CONTRERAS   Llevo de baja unas semanas. (*Señalando al
              vacío.*) Por las depresiones.

FOTO ¡Ah! Claro, comprendo. Pues ya verá cuando vuelva. (*Recapacita.*) Bueno, si es que vuelve.

CONTRERAS Difícilmente.

FOTO (*Confidencial.*) En confianza: yo que usted, atrasaba el suicidio un par de días.

CONTRERAS ¿Y eso?

FOTO No diga que ha sido idea mía, que si se enteran en el periódico de que voy por ahí atrasando las noticias, me la juego. Pero es que merece la pena. Yo que usted, no me mataba sin darme antes una vuelta por la redacción. Es que es digno de ver: los archivos, las mesas, las mamparas... todo hecho añicos. Vamos. Un desastre.

CONTRERAS ¿Qué me cuenta?

FOTO Como lo oye. Tan mosquita muerta que parecía y resultó ser un energúmeno. Porque conocerlo, sí que lo conocerá.

CONTRERAS Pues…

FOTO Sí, hombre, si lo tiene que conocer. García Contreras, creo que se llama. Un tipo algo carroza.

CONTRERAS   Sí, claro, por supuesto, cómo no lo voy a co-
             nocer. Y sí, lo que usted dice: un carroza.

FOTO   Pues lo ha dejado todo… Y si no, al «ba-
             randa».

CONTRERAS   (*Haciéndose de nuevas.*) ¿A Mirandita?

FOTO   Hecho una pena.

CONTRERAS   ¿Le atizó a Mirandita?

FOTO   Le arreó sopapos hasta en el carnet de iden-
             tidad.

CONTRERAS   Noooo.

FOTO   Con decirle que le arrancó la oreja de un
             mordisco.

CONTRERAS   Qué barbaridad.

FOTO   Y que no había forma de que la soltara.

CONTRERAS   Vamos, que le comió la oreja.

FOTO   Casi. Porque la escupió. Algo masticada, eso
             sí, pero la escupió.

CONTRERAS   O sea, que lo dejó *desorejao*.

FOTO   Una fiera, se puso hecho una fiera.

CONTRERAS   Vivir para ver.

FOTO   Yo es que no le traté; puede que coincidié-
               ramos, pero que no caigo en quién puede
               ser. Ahora, los que lo conocían, no salen de
               su asombro.

CONTRERAS   Y, ¿qué ha sido de él?

FOTO   En la cárcel está, ¿dónde quiere que esté?
               Prisión incondicional sin fianza. ¿Es que no
               lee la prensa?

CONTRERAS   Pues mire, no. Me lo tienen prohibido. Por
               las depresiones.

FOTO   Ya, claro. (*Y tras una pausa.*) El caso es que,
               al despedirlo, el puesto quedó libre y, mire
               por dónde, qué casualidad, allí estaba yo
               para cubrir la vacante. Cuestión de olfato.

CONTRERAS   Sí, claro, hay que oler la sangre.

FOTO   Ahí le duele. Yo es que la huelo. Esta maña-
               na mismo, sin ir más lejos, estaría usted dur-
               miendo todavía y ya venía yo de camino.
               Porque esa es otra: hay que anticiparse. Ya
               no vale con llegar al mismo tiempo que las
               ambulancias. Hoy día, para conseguir una
               primicia, hay que estar en el sitio antes que
               el muerto.

CONTRERAS   Por supuesto.

FOTO   Y es que esto de la prensa está muy mal. Se trabaja con mucha presión. No has acabado aún de retocar las fotos y ya están dando la noticia en los telediarios.

CONTRERAS   Con la televisión es que no hay manera.

FOTO   Si queremos ser competitivos, fíjese lo que le digo, si queremos ser competitivos, tendremos que ser nosotros mismos los que provoquemos los accidentes.

CONTRERAS   No sería una mala solución.

FOTO   Es que va a ser la única forma de llegar los primeros.

CONTRERAS   Y cómoda. Nada de andar por ahí de un lado para otro. Se echa un poco de aceite en el asfalto, y a esperar que se estrellen.

FOTO   Y no es que me obsesionen las exclusivas. Tengo muy claro que, para triunfar, lo importante es el estilo.

CONTRERAS   Sí señor, el toque personal.

FOTO   La foto de autor. Verá, a mí lo que me va es enrollarme con el encuadre.

CONTRERAS   El encuadre es que lo es todo.

FOTO   Y no crea que es fácil, porque como quedan en esas posturas tan… tan extrañas…

CONTRERAS   Es que se tiran de cualquier manera. No son conscientes de que tenemos que fotografiarlos. Por cierto, ahora que estamos a tiempo, ¿prefiere alguna postura en especial?

FOTO   Pues no sabría decirle.

CONTRERAS   No le garantizo nada. Ya sabe cómo son estas cosas. Pero que si tiene alguna idea...

FOTO   La verdad es que prefiero que caiga usted a su aire.

CONTRERAS   Nada de trucos. Eso le honra. Un profesional, sí señor, un profesional.

FOTO   Me abruma.

CONTRERAS   Acuérdese de lo que le digo: usted llegará lejos.

     (*La* VECINA *sale al balcón –posición D– llevando una bandeja con dos tazones de caldo humeante. Se ha puesto un vestido tan fulgurante como la bata, si bien continúa con los rulos y las zapatillas.*)

VECINA   Está… que resucita a un muerto.

FOTO   Qué detalle.

CONTRERAS   ¡Uhm! Huele muy bien.

VECINA   (*Dándoles las tazas.*) Y mejor sabe.

FOTO   No se vaya usted a creer que nos tratan así en todas partes.

CONTRERAS   (*Después de probarlo.*) Riquísimo.

FOTO   Sí señora, muy bueno.

VECINA   Pues que les aproveche: que yo, mientras, voy a acabar de arreglarme. (*A* FOTO.) Y en cuanto se lo acaben, nos vamos para abajo. Porque *usté,* supongo se vendrá a la calle para verlo caer, que es mucho más lucido.

FOTO   Pues la verdad es que no sé todavía dónde ponerme.

     (*Y queda pensativo.*)

VECINA   Bueno, piénseselo mientras acabo. (*Y hace mutis.*) ¡Qué nervios, Señor! ¡Qué nervios!

CONTRERAS   Entona. (*Apurando la taza.*) Entona el cuerpo.

FOTO   (*Cayendo en la cuenta.*) Qué fallo, ¿pues no me había olvidado?

     (*Deja su taza en el suelo, toma la cámara y comienza a disparar.*)

CONTRERAS   (*Simulando beber.*) ¿Está bien así?

FOTO   (*Dispara.*) Baje un poco la taza, que le tapa la cara.

CONTRERAS   (*Obedece.*) ¿Mejor?

FOTO   Espléndido. (*Dispara.*) Esta va a ser la buena. (*Dispara.*) «El suicida y el consomé». Sería más exacto decir caldo de cocido, pero…

CONTRERAS   Cierto, y más español.

FOTO   Lo que pasa es que los pies de foto deben ser directos. Y concisos. Cuanta menos literatura, mejor; que la literatura siempre lo enreda todo.

CONTRERAS   Aun así, no faltará quien diga que todo fue un montaje.

FOTO   Seguro. Y mire que la cosa ha venido rodada.

CONTRERAS   Qué difícil conseguir que las historias reales parezcan verdaderas. O si no, ahí lo tiene: «El suicida y el consomé», una verdad inverosímil. ¿No se preguntó nunca por qué lo verídico no siempre es verosímil?

FOTO   Es que eso son problemas de columnista. Yo me limito a entregar la foto y listo. Vamos, que no tengo que andarme con esas sutilezas. Lo que sale en la foto… es lo que hay.

CONTRERAS   Cierto, el mundo es una gran patraña, por eso son necesarios los plumillas; que si las cosas fueran como Dios manda, no habría necesidad de andar explicándolas.

FOTO   Y tanto, con una buena foto sería suficiente.

CONTRERAS   Afortunadamente, el mundo es cosa de locos, y gracias a eso hay trabajo para todos. O si no, que se lo pregunten a los tertulianos (*Pausa.*) ¿Sabe que yo empecé de columnista?

FOTO   No me diga.

CONTRERAS   Periodismo de investigación. Bueno, entonces no se le daba ese nombre tan rimbombante; pero así fue como empecé.

FOTO   Y, ¿cómo es que lo dejó?

CONTRERAS   Me di un golpe en la cabeza, un accidente, y desde entonces se me desconciertan las ideas. Momentáneamente, solo momentáneamente; pero…

FOTO   Qué pena.

CONTRERAS   Y estaba muy bien considerado. Con decirle que llegué a ser confidente de la Policía.

FOTO   ¿En serio?

CONTRERAS   Como lo oye. Mi padre también lo fue. Pero con Franco, que eso es ya otro nivel.

FOTO   Qué interesante.

CONTRERAS   Él fue quien me introdujo en este mundillo. Tenía muy buenos contactos, que yo he procurado conservar; que en este oficio, si no estás a bien con los de atestados, es que no te comes una rosca.

FOTO   Ya, ya me he dado cuenta.

CONTRERAS   Aunque claro, cuando alternaba con los de la social, la cosa tenía otro calado. (*A lo lejos se escucha una sirena y ambos miran en esa dirección. Arrecia el murmullo de la multitud.*) Bueno, menos mal que esto empieza a animarse. Ya empezaba a temer que no les hubieran avisado. O que se hubieran olvidado de venir, que tampoco sería de extrañar.

FOTO   ¿Qué me aconseja? ¿Espero a que extiendan la lona para sacarla desde aquí, o me bajo a tomar posiciones antes de que llegue la competencia?

CONTRERAS   ¿La lona? No creo que sean los bomberos. Las primeras en llegar son siempre las ambulancias. Como van por libre, o se dan prisa o se van de vacío.

FOTO   En cualquier caso, tendré que decidir dónde me pongo.

CONTRERAS   Abajo, abajo.

FOTO   ¿Usted cree?

CONTRERAS   Sí, claro, hágame caso. Mucho mejor abajo, dónde va a parar. Desde abajo puede sacar un plano general según vaya cayendo, y luego ya se ensaña con los primeros planos.

              (*La* VECINA *se asoma al balcón con los rulos a medio quitar.*)

VECINA   No, si al final nos van a coger a medias. ¡Es que esto es peor que una boda!

CONTRERAS   No se agobie, mujer, que yo la espero.

VECINA   (*Refiriéndose a los consomés.*) ¿Terminaron ya? (*A* CONTRERAS, *según coge del suelo la taza de* FOTO.) Pues ande, traiga que me las lleve.

CONTRERAS   Tome.

              (*Y se la da a* FOTO.)

FOTO   (FOTO *la coge y se la pasa a la* VECINA.) Sí, no sea que se caigan y desgraciemos a alguien.

(*La sirena, cuya intensidad ha ido aumentando según se acercaba el vehículo, deja de sonar bruscamente cuando este se detiene.*)

CONTRERAS   ¿Ve, como era una ambulancia?

FOTO   Sí, ya veo que está puesto. Vamos, que controla.

VECINA   (*Que ya entraba en la casa, se vuelve a mirar.*) Menos mal, temía que fueran los bomberos. (*Para sí.*) De todas formas, habrá que darse prisa. (*Angustiada, se apresura a entrar y aún grita desde dentro.*) ¡Acabo enseguida!

FOTO   Bueno, le dejo. Me hubiera gustado sacar una de la lona desde arriba, pero parece que tardan, y lo mismo prefiere tirarse, ahora que ya ha llegado la ambulancia.

CONTRERAS   En realidad, no tengo prisa. Creo que aún me lo pensaré un rato.

FOTO   Sí, pero tampoco se entretenga demasiado, no sea que no lleguemos al cierre de la edición.

CONTRERAS   Trataré de encontrar el momento oportuno.

FOTO   Y también por las teles, que no se me adelanten. (*Mira hacia abajo, y reacciona.*) ¿Ve?, ya están ahí. ¿Ve las cámaras? Cómo son. Es que son como buitres. (*Con prisa.*) Bueno, le espero abajo.

(*Y sale precipitadamente.*)

CONTRERAS   Sí. Ahora nos vemos. (*Recapacita.*) ¿Qué tenía que hacer yo? (*Reacciona.*) Ah, sí, el titular. «El virus no existe» sería un buen comienzo. Aunque, a estas alturas, quién se acuerda ya del virus. Mejor me centro en la cosa económica. No una conferencia, claro. Pero sí algo sobre la corrupción, que eso siempre queda bien. En fin, no sé, tendré que improvisar sobre la marcha. Lo importante son las octavillas. (*Coge una bolsa con panfletos del interior del balcón.*) Y a ver si no me olvido de tirarlas; no me vaya a pasar como con la pistola. ¡Esta cabeza! Y el salto, claro; aunque eso no creo que se me vaya a olvidar; que ya tendría delito. El más lucido es el salto del ángel. (*Y, poniendo los brazos en cruz, hace ademán de ir a saltar.*) Como en la piscina.

(*Murmullos de la muchedumbre. Los postigos del balcón de su casa –posición B– se abren de par en par, y entra, hecho una furia, el Santo* ÁNGEL *de la Guarda.*)

ÁNGEL   ¡Alto ahí! ¡¿Qué vas a hacer?!

CONTRERAS   ¡Coño!

(*Sobresalto y pérdida de equilibrio que le ponen en serio riesgo de caerse.*)

ÁNGEL   Detente, insensato. O irás al infierno de
               cabeza.

               (*El* ÁNGEL *–túnica blanca algo corta, sandalias
               plateadas, alas emplumadas y halo dorado so-
               bre el pelucón rubio– no es nada angelical, sino
               más bien algo estrafalario.*)

CONTRERAS   (*Sobreponiéndose, trata de recuperar el equi-
               librio, agarrándose a la barandilla del balcón
               D.*) Joder con el cura, qué forma de entrar.

ÁNGEL   (*Menos vehemente.*) ¿Pero se puede saber qué
               locura es esta? Una persona tan razonable.

CONTRERAS   ¿Yo? ¿Razonable yo? Yo nunca he sido ra-
               zonable. Ni lo soy, ni lo he sido, ni pienso
               serlo. Vamos, hombre, razonable. Qué for-
               ma de insultar.

ÁNGEL   (*Sin dejar de consultar su cuaderno de notas.*)
               Ah, ¿no? Entonces, di, ¿qué eres? Venga,
               dilo.

CONTRERAS   Un revolucionario, eso es lo que soy.

ÁNGEL   ¡Ja! Qué más quisieras tú. Vale que me haya
               pasado con lo de razonable, ¿pero revolu-
               cionario? ¡Un simple! Eso es lo que eres; y
               estoy siendo indulgente.

CONTRERAS   Cómo se nota que no me conoce.

ÁNGEL   Más de lo que te imaginas. (*Enseñándole el cuaderno.*) Te sorprenderías si vieras la de cosas que tengo aquí apuntadas.

CONTRERAS   ¿Ha estado espiándome?

ÁNGEL   Haciendo informes para el Altísimo, como es mi obligación. Y, aunque algo necio, siempre te tuve por una persona sensata.

CONTRERAS   Me confunde con otro.

ÁNGEL   (*Duda un momento.*) No creo. A ver. (*Consulta el cuaderno.*) ¿Lucio García Contreras?

CONTRERAS   Servidor.

ÁNGEL   (*Respira.*) ¡Uf! Temí haberme equivocado. Esto del pluriempleo…

CONTRERAS   Pero que ese sea mi nombre no significa que yo tenga que ser una persona sensata.

ÁNGEL   ¿Ah, no? (*Esgrimiendo el cuaderno.*) Pues aquí dice que has sido cofrade del Santo Cristo del Espino, miembro de la Adoración Nocturna, arquero de la Organización Juvenil Española y socio del Real Madrid.

CONTRERAS   Bueno, sí, pero eso fue cuando era joven. Debería actualizar sus datos, porque ahora soy un extremista: un revolucionario, para qué le digo más.

ÁNGEL   Y eso, ¿desde cuándo? ¿Desde esta mañana?

CONTRERAS   Desde que se inventaron la pandemia.

ÁNGEL   ¿Así, de repente?

CONTRERAS   Tuve una revelación.

ÁNGEL   ¿Una revelación? (*Lanzándose sobre él.*) Ven aquí, que te voy a dar yo a ti revelación.

CONTRERAS   (*Retrocediendo.*) ¡Quiere estarse quieto? ¿No ve que me va a tirar?

ÁNGEL   (*Señalando hacia abajo.*) ¿Te parece bonito el lío que has armado?

CONTRERAS   Oiga, estoy en mi casa. Bueno, en mi cornisa. Y yo en mi cornisa puedo hacer lo que me da la gana.

ÁNGEL   ¿Pero es que no te das cuenta de que hay niños mirando?

CONTRERAS   Estoy vestido.

ÁNGEL   No me refiero al sexto. Atentas contra el quinto.

CONTRERAS   ¿El sexto? ¿El quinto? ¿Qué quinto es ese?

ÁNGEL   No matarás.

CONTRERAS   ¿Y a mí qué me cuenta? Yo no he matado a nadie.

ÁNGEL   Vas a matarte tú.

CONTRERAS   Bueno, sí, ¿y qué? (*Señalando.*) Ah, y a esa señora, si no se aparta. Pero eso no es pecado.

ÁNGEL   ¿Ah, no?

CONTRERAS   Para los héroes como yo, matarse es una heroicidad. Y si ella se empeña en ponerse debajo... pues que sea lo que Dios quiera.

ÁNGEL   ¡Blasfemo! ¡Irreverente!

CONTRERAS   Bueno, mire, no me caliente la cabeza, que luego me falla la memoria, y tengo una misión que cumplir.

ÁNGEL   ¿Escandalizar a esas criaturas es para ti una misión?

CONTRERAS   Un momento, un momento: el escándalo lo están armando ellos, que mucha distancia de seguridad para entrar en el colegio y mire ahora la que tienen liada. Podrían tener un poco de respeto, vamos, digo yo.

ÁNGEL   ¿Respeto?

CONTRERAS   Además, si todos hubieran actuado como es debido, habríamos acabado mucho antes de que salieran del colegio. Pero, ¿cuándo ha llegado la ambulancia? Nada, hace un momento. ¿Y los bomberos, eh? ¿Dónde están los bomberos? Usted mismo tenía que haber venido hace más de una hora. Y no solo es que llegue tarde, es que mire además cómo llega: vestido de fantoche. ¿Esto es organización?

ÁNGEL   En cuanto me avisaron. He venido en cuanto me avisaron.

CONTRERAS   Esto es un cachondeo.

ÁNGEL   No te digo que no; y que sí, que puede que tengas razón: pero ya estoy aquí, y ahora lo importante es evitar que te condenes al fuego eterno.

CONTRERAS   Sin problema. Está todo pensado. El otro día me hice *asnóstico*, y así ya no hay condenación que valga.

ÁNGEL   A ver, a ver, a ver, ¿cómo es eso?

CONTRERAS   Sí, que los *asnósticos* no nos condenamos.

ÁNGEL   ¡Ja! Que te crees tú eso. Estás bautizado, y el que está bautizado, si muere en pecado mortal, se condena.

CONTRERAS   Pues vaya gracia.

ÁNGEL   Es que, si no, sería muy fácil. Otra cosa, ya
               son los infieles; ahí sí hay más manga an-
               cha. Ahora, si estás bautizado, tienes que
               andarte con mucho ojo, porque a la más mí-
               nima te condenas.

CONTRERAS   Pues me parece una putada.

ÁNGEL   Habértelo pensado antes de bautizarte.

CONTRERAS   Oiga, que yo no me bauticé, que a mí me
               bautizaron.

ÁNGEL   ¡Lo que nos faltaba! Que pudiera uno desa-
               puntarse cuando le viniera en gana.

CONTRERAS   (*Tratando de negociar.*) Mire, padre, no es
               por hacerle un feo, pero digo yo, ¿no ha-
               bría forma de llamar un psicólogo para que
               le reemplazara?

ÁNGEL   ¡Un psicólogo? Pero hombre, donde se pon-
               ga un ángel de la guarda... ¡Un psicólogo!
               Pero cómo vas a comparar.

CONTRERAS   Yo ya contaba con tener a alguien por aquí,
               dando la vara; e incluso me había hecho a
               la idea de que fuera un cura. No pensé que
               pudiera venir disfrazado, pero que lo daba
               por hecho. Ahora, visto lo visto, creo que va
               a ser mejor llamar a un profesional. A al-
               guien más al día, no sé, más moderno.

ÁNGEL   ¡Más moderno? Pero si estamos a la última.

CONTRERAS   No, si no se lo discuto.

ÁNGEL   (*Dándose importancia.*) Por *wasap* me avisaron a mí. Más moderno, dice.

CONTRERAS   Pues llega con retraso.

                 (*Mostrándole el reloj.*)

ÁNGEL   Se les había caído el servidor. Pero fue ver el mensaje y me vine volando. (*Dice moviendo las alas.*) Drones, carpetas en la nube, informes encriptados… De todo, hacemos de todo para actualizarnos. Y porque somos invisibles y no se nos ve, pero cada vez que te crees que estás pecando a solas, yo estoy a tu lado haciendo un selfi.

CONTRERAS   (*Sorprendido y ofendido.*) Pues vaya un modo de respetar la intimidad.

ÁNGEL   Es que tengo que aportar pruebas para el Juicio Final. Y ahora que tenemos más medios…

                 (*Y sin más, saca el móvil y dispara la cámara.*)

CONTRERAS   Mire, por mí puede hacer los selfis que quiera, pero déjeme tranquilo, que necesito tiempo para perfilar el titular.

ÁNGEL   ¿El titular? ¿Qué titular?

CONTRERAS   Mi mensaje al mundo. Ya, ya sé que tenía que haberlo preparado antes, pero se me olvidó, y ahora no tengo tiempo para mascaradas.

ÁNGEL   ¿Mascaradas?

CONTRERAS   A ver si no, con esas pintas.

ÁNGEL   (*Sorprendido.*) ¿Es que no te gusta?

             (*Refiriéndose a la túnica.*)

CONTRERAS   Para un carnaval… ¿Pero usted se ha visto? Vale que se actualicen; ahora, una cosa es quitarse la sotana y otra ponerse ese disfraz.

ÁNGEL   ¿Qué disfraz? ¿Qué sotana? No entiendo nada.

CONTRERAS   (*Dudándolo.*) Porque usted será el párroco, ¿no?

ÁNGEL   Tu Ángel de la Guarda es lo que soy.

CONTRERAS   ¿Me toma por imbécil?

ÁNGEL   ¿Es que no me crees?

CONTRERAS   Por supuesto que no. ¡Mi ángel de la guarda! En qué cabeza cabe...

ÁNGEL   Pues lo soy. ¿O cómo crees, si no, que he podido entrar en tu casa, si no es porque soy tu Ángel de la Guarda?

CONTRERAS   ¿Y por qué no iba a poder entrar ? ¿Qué problema hay?

ÁNGEL   La puerta está cerrada.

CONTRERAS   Pudo abrirle el portero. Él tiene una llave.

ÁNGEL   ¿Y la cadena? Porque cerraste por dentro. ¿O no?

CONTRERAS   Mire, no me líe.

ÁNGEL   No, dime. ¿Echaste la cadena, sí o no?

CONTRERAS   (*Desconcertado.*) Sí... la eché.

ÁNGEL   (*Triunfal.*) Pues ahí lo tienes: soy tu Ángel de la Guarda.

CONTRERAS   Pudieron descerrajarla los bomberos.

ÁNGEL   Sabes muy bien que no han llegado todavía. Es más, puede que ni siquiera les hayan avisado.

CONTRERAS   (*Seriamente alarmado.*) ¿Usted cree?

ÁNGEL   Suele pasar.

CONTRERAS   No, si tenía que haberles llamado yo. ¡Qué chapuza, Señor, qué chapuza! Y es que lo suyo es saltar con la lona. Saltar a pelo es tercermundista. Además, que te puedes matar. Ahora, esto me pasa por querer dar ejemplo.

ÁNGEL   ¿Ejemplo de qué? Vergüenza me daría a mí…

CONTRERAS Oiga, pues si le da vergüenza, no se tire. Pero déjeme a mí que me tire a gusto.

ÁNGEL   (*Tratando de contemporizar.*) Y digo yo, ¿por qué en vez de estar aquí, a la intemperie, con el día tan frío que hace, no nos vamos adentro, al calorcito, y charlamos en casa más tranquilamente?

CONTRERAS Mire, padre, o ángel, o lo que sea: no me toque las narices.

ÁNGEL   Es que aquí te puedes resbalar.

CONTRERAS (*Sobrepasado.*) No le pasa a nadie. Lo que me pasa a mí no le pasa a nadie.

ÁNGEL   Lo digo por tu bien.

CONTRERAS ¿Pero a usted quién le ha dado vela en este entierro?

           (*Durante el transcurso de la escena, ambos irán subiendo el tono; ya, de por sí delirante.*)

ÁNGEL   Tú.

CONTRERAS ¿Yo?

ÁNGEL   Sí, tú. Tú fuiste quien me pidió que me ocupara de ti.

CONTRERAS   ¿Ve cómo me confunde con otro? Jamás he hablado con usted.

ÁNGEL   ¡Ah! ¿No?

CONTRERAS   Por supuesto que no.

ÁNGEL   Todas las noches. Y durante años.

CONTRERAS   ¡Venga, hombre!

ÁNGEL   No es posible que no te acuerdes.

CONTRERAS   Pues no, no me acuerdo.

ÁNGEL   Pues no será porque no eras pesado; todas las noches con lo mismo.

CONTRERAS   ¿Yooooo?

ÁNGEL   «Ángel de la guarda,
Dulce compañía,
No me desampares
Ni de noche, ni de día».

CONTRERAS   ¡Acabáramos!

ÁNGEL   Nunca te ibas a la cama sin rezar tus oraciones.

CONTRERAS   ¡Pero si de eso hace ya más de cincuenta años!

ÁNGEL   ¿Y qué? Era una petición formal.

CONTRERAS   Además, yo era un niño.

ÁNGEL   Con mayor motivo.

CONTRERAS   No era responsable de mis actos.

ÁNGEL   ¿Es que lo eres ahora?

CONTRERAS   Hacía lo que me mandaban.

ÁNGEL   Pedías ayuda.

CONTRERAS   ¡¿Ayuda?! No pedía absolutamente nada. Era una oración.

ÁNGEL   Era una oración pidiendo ayuda.

CONTRERAS   Pues como todas las oraciones. Un pedir por pedir, pero desde el convencimiento de que no te lo van a dar. Y eso es tanto como no pedir nada.

ÁNGEL   ¿Nada? «No me desampares». Es que es muy fuerte: «no me desampares». Y dice que no pedía nada. En fin, tú tómatelo como quieras, pero que conste que yo he venido en tu auxilio. «No me desampares», y aquí estoy yo. Como un clavo. Dando la cara a la primera dificultad.

CONTRERAS   ¡A la primera dificultad? Esto sí que es bueno. ¿Y dónde estuvo todos estos años? La hipoteca, el divorcio, cuando me rompí la cabeza… A la primera dificultad, dice.

ÁNGEL   A la primera dificultad que me incumbe. Los ángeles no podemos intervenir en cuestiones terrenales. Nos lo tienen prohibido.

CONTRERAS   A ver si somos serios. ¿Pretende hacerme creer que ha venido a salvarme solo porque le recé unas jaculatorias cuando era un crío?

ÁNGEL   Precisamente. Por eso y por la estampita.

CONTRERAS   ¡¿Pero qué estampita?!

ÁNGEL   La de tu primera comunión. Y anda que no lo ponía bien claro:
«Yo te pido Ángel bendito
Que me libres y me salves
De las trampas del Maldito».

CONTRERAS   Pero eso son cosas que se dicen.

ÁNGEL   ¿Que se dicen? Por escrito. Lo ponía por escrito. Y eso, para mí, es como un contrato.

CONTRERAS   No, me niego. No puede venir ahora, cincuenta años después, invocando el valor jurídico de una estampita de primera comunión.

ÁNGEL   ¿Y por qué no?

CONTRERAS   Pues porque no, porque no es el momento. Y porque no estoy yo ahora para estampitas. Por eso.

ÁNGEL   (*Indignado.*) Pero bueno, ¿tú qué te crees que es un ángel? ¿Eh?

CONTRERAS   Ni lo sé, ni me importa.

ÁNGEL   (*Fuera de sí.*) Pues para que lo sepas: los ángeles somos seres muy serios y muy perseverantes. Y con muy buena memoria. Aunque hubieran pasado mil años, fíjate bien lo que te digo, aunque hubieran pasado mil años, igual habría venido. Menudos somos los ángeles. ¡Ah! Y tenlo muy presente: no aceptamos el no como respuesta.

CONTRERAS   Ya. Ya lo veo, ya.

ÁNGEL   Además, si antes eras jovencito, ahora eres talludito; y nosotros estamos tanto a las duras como a las maduras. Así que vete haciendo a la idea, porque he venido a salvar tu alma y, tanto si te gusta como si no, yo de aquí no me muevo hasta que no te la salve.

CONTRERAS   Bueno, pues usted salve todo lo que le venga en gana, pero déjeme a mí que organice mi suicidio como más me convenga.

ÁNGEL   ¿Pero quieres dejarte ya de sandeces, que lo único que estás consiguiendo es hacer el ridículo?

CONTRERAS   A que me tiro.

(*Aunque no hace ni el amago.*)

ÁNGEL   Qué te vas a tirar ni te vas a tirar; pero si estás pidiendo a gritos que te salven.

CONTRERAS   ¿Yo? Pues para que lo sepa: ni usted se está enterado de nada ni yo se lo voy explicar, pero hoy aquí van a pasar cosas tremendas. Y acuérdese de lo que le digo: gracias a este acto heroico que usted quiere impedir, puede que se resuelvan muchos de los males de este mundo.

ÁNGEL   ¿Pero qué males vas a arreglar abriéndote la crisma?

CONTRERAS   ¡No me tire de la lengua, no me tire de la lengua…!

ÁNGEL   Anda, vamos para adentro. Insensato, que eres un insensato. Vamos para adentro y lo hablamos tranquilamente.

CONTRERAS   No insista, es inútil. No pienso darle más explicaciones.

ÁNGEL   Vamos, hijo, deja ya de hacer el payaso, que mira el circo que estás montado. (*Y según mira hacia abajo…*) Qué vergüenza, vendiendo palomitas. A lo que hemos llegado: la gente comiendo palomitas mientras espera a que te mates.

CONTRERAS   Yo no soy responsable del mundo en el que me ha tocado vivir.

ÁNGEL   Pero sí de tus actos.

(*La* VECINA, *acelerada, sale al balcón –posición D–, tratando de quitarse los rulos de la cabeza.*)

VECINA   Dichosos pelos. Nada, que se enredan. (*Al reparar en el* ÁNGEL.) Ah, perdone, no sabía que tuviera visita.

CONTRERAS   Sí, bueno… (*Sin saber cómo resolver la situación.*) Pero no se preocupe, es de confianza.

VECINA   (*Al* ÁNGEL.) No tengo el gusto, ¿verdad?

ÁNGEL   Pues no. No creo.

CONTRERAS   (*Sin saber cómo explicarlo.*) Es… es mi…

VECINA   Su Ángel de la Guarda, ¿no?

CONTRERAS   (*Rindiéndose.*) Eso es lo que él dice.

VECINA   Encantada.

CONTRERAS   (*Al* ÁNGEL.) Aquí, mi vecina.

ÁNGEL   (*Sin apartar la vista del escote.*) Un placer.

CONTRERAS	Oiga, para ser un ángel, se le van los ojos más de la cuenta.
ÁNGEL	(*A la* VECINA, *sin darse por aludido.*) ¿Y cómo ha sabido quién soy?
VECINA	Pues no sé. Es que fue verle y me dije: este va a ser su Ángel Custodio, que no puede faltar en un acto así, tan *señalao*. Pero más que nada, por el uniforme.
ÁNGEL	Ah, claro, muy perspicaz.
CONTRERAS	Sí, es que está en todo.
VECINA	Por cierto, ¿dónde está el fotógrafo?
CONTRERAS	(*Al* ÁNGEL) ¿Ve? En todo. (*A la* VECINA.) Se fue para abajo para ir cogiendo sitio.
VECINA	Es que es lo suyo. A ver si acabo, y me bajo yo también. (*Tratando de desenredar los rulos.*) ¡Será posible? (*Inicia el mutis.*) Y *usté* no se tire.
CONTRERAS	Tranquila, que no me tiro.
VECINA	Recuerde que me lo prometió.
ÁNGEL	(*A* CONTRERAS.) ¿Ves? (*A la* VECINA.) Y usted vaya tranquila, que ya me quedo yo aquí cuidando de que no se tire.

VECINA   (*Hace mutis desenredándose el pelo.*) Nada, que no hay manera. (*Y vuelve a entrar de inmediato.*) Oiga, aquí, a su Ángel, ¿no le apetecería una tacita de caldo?

ÁNGEL   ¿Un caldo?

CONTRERAS   (*Para sí.*) ¡Qué cruz, señor, qué cruz! (*Al* ÁNGEL.) Es que nos preparó un consomé. Muy rico, por cierto.

VECINA   Como está así la mañana... Debe estar caliente todavía.

ÁNGEL   Ah, no gracias, no se moleste.

VECINA   Si no es molestia. Venga, que se lo preparo en un periquete.

ÁNGEL   Señora, los ángeles no podemos tomar consomé. No tenemos cuerpo y, según lo fuera bebiendo se iría derramando. Vamos, que lo pondría todo perdido.

VECINA   Yo era por hacerle los honores. Pero si no puede...

     (*Y hace mutis.*)

CONTRERAS   ¡Qué señora!

ÁNGEL   Sí, encantadora. Y muy dispuesta.

CONTRERAS   Dispuesta a todo. (*Yendo hacia el balcón D, en el que estaba la* VECINA.) Es… es que la cogía así por el cuello y se lo retorcía como si fuera una gallina.

ÁNGEL   Pero hijo, ¿cómo puedes decir esas cosas tan terribles? Con las oraciones tan bonitas que rezabas cuando eras pequeño:
«Cuatro esquinitas tiene mi cama,
Cuatro Angelitos que me la guardan».

CONTRERAS   Pues anda que no ha llovido desde entonces.

ÁNGEL   O aquella otra:
«Jesusito de mi vida
Eres niño como yo,
Por eso te quiero tanto
Y te doy mi corazón…».

CONTRERAS   (*Subrayando con la gesticulación.*)
«Tómalo, tómalo.
Tuyo es. Mío no».
¡Por favor, padre! ¡O ángel! ¡O lo que sea! A ver si me va a dar el día con un *revival* poético.

ÁNGEL   Un niño tan piadoso.

CONTRERAS   ¡Piadoso yo?

ÁNGEL   ¿Qué diría tu pobre madre si levantara la cabeza?

CONTRERAS   Ya está bien, ¿eh? Y a mi madre, ni mentarla.

ÁNGEL   No, di, ¿qué crees tú que te diría?

CONTRERAS   Pues que me pusiera la bata, que iba a coger frío. Eso es lo que diría. (*Para sí.*) ¡No te jode?

(*Por el balcón de la* VECINA *–posición D– entra la* MADRE, *rigurosamente vestida de negro (o de morado), llevando en el brazo un batín gris a cuadros y un bolso de tela con una correa larga.*)

MADRE   Toma, hijo, ponte la bata, que vas a coger frío.

CONTRERAS   (*Al* ÁNGEL.) ¿Ve?

MADRE   Está visto que no se te puede dejar solo.

CONTRERAS   Pero mamá...

MADRE   Póntela inmediatamente.

CONTRERAS   Si es que es muy fea.

MADRE   (*Autoritaria.*) Y sin rechistar, que tal como está el tiempo, es muy fácil coger un resfriado.

CONTRERAS   Total, ya, para un rato, ¿qué necesidad hay?

MADRE   ¡Que te la pongas, te digo!

ÁNGEL   Diga usted que sí. Así es como tienen que comportarse las madres: con autoridad.

MADRE   ¡Se puede saber a qué esperas?

CONTRERAS   (*Poniéndosela de mala gana.*) Ea, ya está.

MADRE   Abrochadita.

CONTRERAS   Pero mamá...

MADRE   Que te abroches, te digo.

CONTRERAS   Bueno, pero solo el de en medio.

MADRE   El de en medio, el de arriba y todos los demás.

CONTRERAS   (*Refunfuñando.*) Jo.

MADRE   (*Siempre autoritaria.*) Y el cinturón.

ÁNGEL   (*Persuasivo y conciliador.*) No seas desobediente, hazle caso a tu madre.

CONTRERAS   (*Para sí.*) Lo que faltaba. (*Al* ÁNGEL.) Como si necesitara refuerzos.

MADRE   Y no le contestes, aquí al señor, que te lo está diciendo por tu bien.

            (*Muy a lo lejos se escucha una sirena. Los tres miran en esa dirección.*)

CONTRERAS   Menos mal. Ya iba siendo hora.

               (*Y da un paso hacia el borde con la única in-
               tención de asomarse.*)

ÁNGEL   Detente, no lo hagas.

CONTRERAS   ¿Qué pasa?

ÁNGEL   (*A la* MADRE.) Señora, por favor, convénza-
               le para que no lo haga.

MADRE   Que no haga, ¿el qué?

ÁNGEL   Que no se tire.

MADRE   ¿Y por qué no?

ÁNGEL   ¡Pero, señora!

MADRE   Si se quiere tirar, ¿por qué no se va a poder
               tirar? ¿Quién se lo va a impedir, eh? ¿Quién
               se lo va a impedir?

ÁNGEL   ¿Pero… pero… pero cómo puede decir una
               cosa así?

MADRE   Siempre será mejor que esté en el cielo con
               su santa madre, que no aquí solo, con lo tras-
               to que es.

ÁNGEL   ¡En el cielo? ¿Este diablo en el cielo?

MADRE   ¿Y por qué no?

CONTRERAS   Di que sí, mamá.

MADRE   Y tú, ven aquí. (*Mientras lo arregla.*) ¿Ve? No tiene apaño ni para ponerse una bata.

CONTRERAS   (*Sin mucha convicción.*) Si está bien así.

MADRE   (*Sacando un peine del bolso.*) Mírelo, hecho un desastre.

CONTRERAS   No, eso no.

                    (*Y tratando de apartarse.*)

ÁNGEL   Señora, ese no es el problema.

MADRE   Ah, ¿no? (*A su hijo.*) Que vengas, te he dicho.

                    (*Y comienza a peinarlo bruscamente.*)

CONTRERAS   (*Resistiéndose.*) ¡Ay, ay, ay!

MADRE   En cuanto se le deja solo, fíjese qué calamidad. ¿Es que estos son pelos para un suicidio?

CONTRERAS   (*Quejica.*) Ya está, ¿no?

MADRE   Y estate quieto o te pelo al cero.

                    (*Y continúa peinándolo con más energía.*)

CONTRERAS   Es que me haces daño.

MADRE   Todo el mundo mirando, y tú con estos pelos.

CONTRERAS   Si es que hace viento.

MADRE   (*Sacando el bote del bolso.*) Pues se echa uno laca.

(*Y le pulveriza.*)

CONTRERAS   (*Tapándoselos.*) En los ojos no. En los ojos no.

MADRE   ¿Se da cuenta? Una calamidad.

ÁNGEL   Sí, pero eso no significa que tenga que matarse para que pueda usted seguir peinándolo.

MADRE   Mire, desde que el granuja de su padre se fue al infierno con el pretexto de unas fiebres pecadoras —que a saber lo que estará haciendo allí—, este niño no ha tenido más cariño ni más cuidado que el de su santa madre. Que en Gloria estoy. Así que a ver quién es el guapo que me va a impedir a mí que me lo lleve conmigo al otro mundo.

(*Y lo aprieta contra sí, cogiéndolo por el cuello.*)

CONTRERAS   ¡Ay, ay, ay! No aprietes tanto.

ÁNGEL   Pero es que hay que acatar los designios divinos.

MADRE   Mire, el niño es cosa mía. Y a Dios ya se lo diré yo cuando lo vea. Que seguro que él tiene asuntos más importantes que atender. (*Sin soltar a su hijo, ha guardado en el bolso la laca y el peine, y ha sacado un pañuelo.*) Suena.

CONTRERAS   Pero si no tengo.

MADRE   Que suenes, te he dicho.

CONTRERAS   ¡Gruum!

MADRE   Más fuerte.

CONTRERAS   ¡Gruuuum!

MADRE   ¿Se imagina *usté* a Dios limpiándole los mocos?

ÁNGEL   Yo no he dicho eso.

MADRE   Para limpiarle los mocos a un hijo, no hay nadie como una madre.

ÁNGEL   ¿No querrá que se quite la vida, solo para que usted pueda limpiarle los mocos?

MADRE   Toma. ¿Y por qué no?

ÁNGEL   Pues porque en el «otro mundo» no hay
         mocos.

MADRE   ¿Qué sabrá usted de mocos? Entre una ma-
         dre y un hijo, siempre tiene que haber mo-
         cos, o si no, qué clase de «otro mundo» iba
         a ser ese «otro mundo».

ÁNGEL   ¡Esto es una locura!

MADRE   ¿Una locura? ¿Los atascos nasales le pare-
         cen una locura? Si usted supiera lo que te-
         nemos que sufrir las madres. Aquí donde lo
         ve, que parece que nunca ha roto un plato,
         no se puede usted ni imaginar la de barra-
         basadas que me ha hecho. ¡Si yo le contara!

ÁNGEL   Qué me va usted a contar a mí, que soy su
         Ángel de la Guarda.

MADRE   ¡Usted? ¡Usted su Ángel de la Guarda?

ÁNGEL   Para servirle.

MADRE   (*Poniéndose farruca.*) Pues ya tenía yo ganas
         de echarle la vista encima.

CONTRERAS (*Al* ÁNGEL.) Disculpe que no les haya pre-
         sentado. Aquí, mi madre.

ÁNGEL   (*Pese a la distancia, hace el intento de darle
         la mano.*) Tanto gusto.

MADRE   (*Sin devolver el saludo.*) ¿O sea que era usted el encargado de vigilarlo?

ÁNGEL   Bueno, sí, según se mire.

MADRE   ¿Según se mire? Pues lo miraría con los ojos cerrados, porque había que verlo, cómo volvía a casa: hecho un eccehomo.

ÁNGEL   Verá, yo…

MADRE   Y el destrozo de ropa, que no ganaba para culeras.

ÁNGEL   Es que no paraba.

MADRE   Y tanto que no paraba. Pero ya podía haberlo parado usted, como era su obligación.

ÁNGEL   Es que los ángeles tenemos que respetar el libre albedrío. Lo dicen las ordenanzas.

MADRE   ¿En qué estará pensando su Ángel de la Guarda?, me preguntaba yo. Y ahora me lo explico. ¡Trasto de Ángel! Seguro que era el niño con peor Ángel de la Guarda de todo el barrio.

ÁNGEL   Oiga, un respeto.

MADRE   ¿Un respeto? ¡Menudo incompetente!

ÁNGEL   Sin faltar, ¿eh?

MADRE   Cómo se nota que no era usted quien tenía que pasarse las noches cosiendo pantalones.

ÁNGEL   Es que la conservación del vestuario no es de nuestra incumbencia.

MADRE   ¡Ah, no? Pues ya me contará qué es lo que sí es de su incumbencia.

ÁNGEL   Bueno, yo...

MADRE   Porque tampoco hizo gran cosa cuando se fue con aquella pelandusca, que a saber la de cochinadas que le enseñaría.

CONTRERAS   Pero si no hicimos nada.

MADRE   Tú a callar. Guarro, que eres un guarro.

CONTRERAS   De verdad, mamá, si solo estuvimos hablando.

MADRE   Hablando, hablando. Si solo hubierais estado hablando, no te habría pegado aquella infección tan vergonzosa.

CONTRERAS   ¡Mamá, por Dios! ¿Es que siempre tienes que contarlo todo?

MADRE   Este señor está al cabo de la calle. Que una cosa es que sea un incompetente y otra que no se entere de los pecados mortales. (*Al Ángel.*) Porque al menos de eso sí se enteraría.

ÁNGEL   Por supuesto. (*Mostrando el cuaderno.*) Mire, aquí lo tengo anotado.

MADRE   Sí, pero que con anotarlo no se arregla nada.

ÁNGEL   Yo hice lo que pude. (*Sobre la sirena que se oía en lontananza de forma intermitente, se escucha ahora otra procedente de un lugar distinto.*) Pero es que el niño era mucho niño.

MADRE   Como que tenía a quién salirle: al putero de su padre. Pero usted tenía que haberse impuesto.

ÁNGEL   Es que los ángeles solo podemos aconsejar. No tenemos potestad para imponernos, así como usted, en plan farruco.

MADRE   ¿Ah, no? Pues ahora bien que está tratando de impedirle que se venga conmigo al otro mundo.

        (*Las sirenas se aproximan progresivamente.*)

ÁNGEL   Porque es distinto. Es que ahora está en juego la salvación de su alma.

MADRE   Mire, con matarse no hace daño a nadie.

CONTRERAS   (*Con las manos juntas en actitud de rezar.*) Señor, los bomberos, que lleguen pronto los bomberos y que pongan la lona, o me tiro como sea.

ÁNGEL   ¿Y el ejemplo, eh? ¿Qué me dice del ejem-
            plo que les está dando a esos pobres niños?

MADRE   Peor ejemplo da la tele. Y ninguna cadena
            ha ido al infierno todavía. Al menos que se
            sepa. Así que déjenos en paz.

            (*Sobre la algarabía de sirenas, todos gritan
            desaforadamente para hacerse oír.*)

ÁNGEL   Yo cumplo con mi deber.

MADRE   ¿Con su deber?

ÁNGEL   Sí, con mi deber.

MADRE   A usted lo que le pasa es que es un agua-
            fiestas.

            (*Conforme los distintos vehículos van llegando
            a la calle, sus sirenas dejan de sonar, de forma
            que las últimas palabras que grita el ÁNGEL se
            escuchan con la escena en silencio.*)

ÁNGEL   (*Fuera de sí.*) Y usted… usted… usted es una
            meapilas.

            (*Ambos, en sus balcones respectivos, se aba-
            lanzan hacia el otro, en actitud amenazante,
            mientras CONTRERAS, interponiéndose, trata
            de pacificarlos.*)

CONTRERAS   (*A ÁNGEL.*) Por favor, que hay niños mirando.

ÁNGEL   Si es ella la que ha empezado.

MADRE   ¿Yo? (*Con gesto despectivo.*) No tengo el más mínimo interés en discutir con semejante Angelote.

ÁNGEL   ¿Angelote yo?

MADRE   Un fantoche con alas, eso es lo que es.

CONTRERAS   Por favor, mamá, déjalo ya.

ÁNGEL   Ahora, esto no se va a quedar así.

MADRE   ¿Ah, no?

ÁNGEL   (*Besando sus dedos en cruz.*) De esto, por estas, doy parte al Altísimo.

MADRE   Mire cómo tiemblo.

CONTRERAS   ¡Mamá! (*Al* ÁNGEL.) Y usted, no le eche más leña al fuego. (*A ambos.*) Ya está bien, ¿no? (*Desde abajo llega una voz ampliada por megafonía. Aunque ininteligible.*) ¿Qué dicen?

MADRE   A saber.

     (*Y, malhumorada, se va al otro extremo del balcón.*)

CONTRERAS   (*Tratando de enterarse.*) Es que se oye fatal.

ÁNGEL   Que no saltes todavía. (*Escucha.*) Que te es-
               peres, que van a quitar los coches.

CONTRERAS   Hombre, menos mal, ya iba siendo hora.

               (*El altavoz continúa aún con su perorata, cuan-
               do la* VECINA *llega muy apresurada y, sin re-
               parar en nada ni en nadie, se abalanza sobre
               la barandilla –D– para mirar lo que está ocu-
               rriendo abajo.*)

VECINA   Estos sí que son ya los bomberos. Y, mire,
               mire, han traído la escalera larga. ¿No se
               quejará?

CONTRERAS   (*Con cierto entusiasmo.*) No, si al final, pa-
               rece que se va animando.

VECINA   Bueno, pues yo también estoy lista; así que
               me bajo corriendo, que no quiero perderme
               cuando pongan la lona. (*Y sin advertir la pre-
               sencia de la* MADRE, *que ha quedado a su es-
               palda, sale apresuradamente. Desde dentro.*) Y
               espere a que llegue abajo. Me lo prometió.

CONTRERAS   Descuide.

               (*La* VECINA, *al caer en la cuenta de que está
               allí la* MADRE, *vuelve sobre sus pasos y sale de
               nuevo al balcón, perpleja y desconcertada.*)

VECINA   ¿Y *usté*? ¿Cómo es que está *usté* aquí?

MADRE   Pues ya ve.

VECINA   Ah, claro, a ver al niño. Lo que no haga una
             madre por un hijo…

MADRE   Y eso que sigo pachucha todavía, porque lo
             de morirme me sentó fatal, pero como us-
             ted dice: por un hijo…

VECINA   Oiga, pues yo la veo muy mejorada. Y eso
             que las mortajas no favorecen nada.

MADRE   El cambio de aires. Y la tranquilidad, que
             allí es que se está en la gloria. Ahora, fue ver-
             lo, remoloneando en la cornisa y me vine
             para acá, que este niño ha sido siempre muy
             indeciso.

VECINA   (*Reparando en ello.*) Ay, mire, y le ha traído
             la bata. Mejor, mucho mejor, pero que mu-
             cho mejor; dónde va a parar.

MADRE   Pues la verdad es que sí.

VECINA   Yo fui a decirle que se la pusiera, pero como
             él es tan suyo, pues me dio reparo. Ahora,
             ni punto de comparación; así, con la bata,
             parece un señor.

MADRE   Y es que si no está una encima, lo que es
             por él...

VECINA   Toda la razón; que desde que le dejó, anda el pobre muy desmejorado. A ver si ya, en la otra vida, se le pone de mejor color.

ÁNGEL   (*Para sí.*) Nada. Lo que faltaba, otra animándolo.

MADRE   Mire qué aspecto. Que a saber lo que comerá.

VECINA   Eso, a saber.

CONTRERAS   (*Para sí.*) Me tiro, me tiro, me tiro. Es que me tiro, aunque me mate.

VECINA   Y yo les dejo, que he quedado en la calle para verlo con unas amigas.

MADRE   Pues que se diviertan.

VECINA   (*A* CONTRERAS.) Ah, y no se tire hasta que yo no esté abajo.

ÁNGEL   (*A la* VECINA.) A ver, ¿cómo es eso? Pero si usted le decía que no se tirara.

VECINA   Sí, claro, hasta que no acabara de arreglarme. (*A* CONTRERAS.) Y *usté* estese atento que, en cuanto llegue abajo, le hago una señal. (*Al* ÁNGEL.) ¡Ah! Y que mucho gusto en haberle conocido.

ÁNGEL   (*Para sí.*) ¡Esto es de locos!

CONTRERAS   (*Por bajo, al* ÁNGEL.) Se lo dije: dispuesta a
                 todo.

VECINA   (*A la* MADRE.) Y a *usté*, qué quiere que le
                 diga, que me alegro de verla muerta.

MADRE   Yo también me alegro. Y cuando quiera que
                 nos volvamos a ver, ya sabe dónde me tiene.

VECINA   Descuide, que ya me pasaré a hacerle una vi-
                 sita, pero más adelante. (*Echando una ojea-
                 da a la calle.*) ¡Uy! Pero si están los de la ra-
                 dio. Y los de la tele. (*Y se acicala instintiva-
                 mente.*) Bueno bueno bueno, no se quejará.

CONTRERAS   No, si no me quejo. (*Para sí.*) Que si me
                 quejara...

MADRE   (*Mirando hacia abajo.*) La verdad es que se
                 ve muy animado.

VECINA   Ya puede estar orgullosa.

MADRE   Pues sí.

VECINA   Quién se iba a imaginar que aquel mocoso,
                 con perdón, que no levantaba dos palmos
                 del suelo, se iba a tirar desde tan alto.

CONTRERAS   ¡Pero no se iba usted ya?

VECINA   Ay, sí sí sí. Enseguida me bajo; que no se diga
                 que vamos con retraso por mi culpa. (*Y sale*

y vuelve a entrar de inmediato para decirle a la MADRE.) Y a ver si viene usted con más frecuencia.

MADRE   Tendría que ser por algo muy sonado —algo así como esto—, porque si no, no dan permiso. Pero que cuando quiera se sube y volvemos a ser vecinas.

VECINA   No sé. Pero es que, de momento, me apetece más seguir echándola de menos. Ahora, tiempo al tiempo, que todo se andará. (*Despidiéndose de todos.*) Bueno, lo dicho. (*A* CONTRERAS.) Y que tenga mucho éxito.

               (*Mutis.*)

CONTRERAS   De los nervios. Me pone de los nervios.

ÁNGEL   Una gran mujer.

CONTRERAS   Con dos grandes tetas. Que no les quitaba ojo, aquí, el espíritu puro. Que no crea que no lo he visto.

MADRE   Pero hijo, qué cosas dices.

CONTRERAS   A mí que me la va a dar este cura de parroquia.

ÁNGEL   (*Sin darse por aludido.*) Confieso que me ha sorprendido su actitud pro-suicidio; pero hay que reconocer que es una señora muy simpática.

CONTRERAS   ¿Simpática? Una metomentodo, eso es lo que es.

MADRE   Hijo, repórtate.

CONTRERAS   Y porque se ha ido, que si se llega a quedar un minuto más, en vez de suicidarme yo, es que la cojo y la suicido a ella.

MADRE   (*Al* ÁNGEL, *quitándole importancia.*) Siempre le tuvo manía. Desde niño. Y todo porque cuando la invitábamos a merendar, decía que se llevaba las galletas de chocolate. Cosas de críos.

CONTRERAS   Como que se las llevaba. En la pechera se las metía; que habría que ver como se le pondrían las tetas cuando se le derritieran.

MADRE   La verdad es que siempre fue algo cleptómana. Ahora, vecina donde las haya, que está por ver que le preguntes algo de lo que pasa en el barrio, y no te lo cuente todo con pelos y señales.

CONTRERAS   Una cotilla, eso es lo que es. Como la del perro.

ÁNGEL   ¿La del perro?

CONTRERAS   Esa, su amiga. ¿Es que no la ve? La que no para de saludar.

MADRE   (*Saludando a su vez.*) Pero si es doña Aurora.

CONTRERAS   Tal para cual.

MADRE   Cierto, que ella también es una buena veci-
               na, siempre pendiente.

ÁNGEL   Y muy atractiva, parece una artista de cine.

CONTRERAS   Usted, mucho presumir de que los Ángeles
               no tienen cuerpo, y de que si son espíritus
               puros, pero las tías le gustan macizas.

ÁNGEL   Era solo un comentario estético.

CONTRERAS   Sí, ya, estético.

MADRE   Pues se conserva muy bien.

CONTRERAS   No como el perro. Que vaya mierda de perro.

ÁNGEL   Pues a mí me parece un perrito precioso.

CONTRERAS   Qué sabrá un ángel de perros. (*Estalla.*) Y
               cállese ya: que si el perro... que si la veci-
               na... Estoy aquí tratando de salvar el mun-
               do y usted no hace otra cosa que joder la
               marrana.

MADRE   ¡Hijo, repórtate! ¿Pero qué expresiones son
               esas?

ÁNGEL   Escupe ahora mismo, o se te va a poner la
             boca negra por decir palabrotas.

MADRE   (*Al* ÁNGEL.) No diga majaderías. ¿Pero cómo
             se le va a poner la boca negra?

ÁNGEL   Oiga, señora, no me desautorice.

MADRE   Con razón no le hacía ni puñetero caso, es
             que tiene usted castigos de ángel caducado.

ÁNGEL   ¿Caducado? Tradicional. Lo que soy es un
             Ángel tradicional. Llevo toda la vida ejer-
             ciendo este oficio siguiendo la tradición y,
             que yo sepa, nadie se ha quejado.

MADRE   Porque la gente pasa de los ángeles.

CONTRERAS   ¡Pero es que no hay forma de suicidarse en
             paz? ¡Callaos de una vez!

MADRE   Oye, niño, un respeto. Y no te me pongas
             gallito porque haya venido la televisión.

CONTRERAS   (*Refunfuñando.*) Que no, mamá, que no es
             por eso.

MADRE   Y nada de refunfuñar.

CONTRERAS   Es que estoy harto ya de tanto incordio.

MADRE   Pues te tiras. Si estás harto, te tiras y asunto
             resuelto. Ahora, eso sí, te tiras con educación.

CONTRERAS   Si yo quiero tirarme, pero es que no me dejáis pensar.

MADRE   ¿Pensar? ¿Qué es eso de pensar? Tú no tienes ninguna necesidad de pensar. Así que déjate de tonterías y tírate ya de una vez.

ÁNGEL   No, si solo falta que le empuje.

MADRE   ¿Y por qué no? Además, ¿quién mejor que su madre?

                 (*Empujándole.*)

CONTRERAS   (*Agarrándose a la barandilla.*) Espera, espera, espera; que antes tengo que decir un discurso.

MADRE   ¿Túuuu? (*Gratamente sorprendida.*) ¿Tú, un discurso? Eso es la popularidad, que se te ha subido a la cabeza.

CONTRERAS   Que no, que lo tenía pensado desde ayer. Iba a escribirlo y todo, pero llegó el Custodio este y me desconcentró. Aun así, no puedo saltar al vacío sin antes dirigirme al mundo.

ÁNGEL   (*Enérgico.*) Basta ya de contemplaciones. Estás escandalizando al vecindario y no te consiento…

MADRE   ¡Que no le consiente…? ¿No fue capaz de impedir que rompiera pantalones y va a venir ahora dando órdenes? Mire, levante el vuelo, si es que sabe volar, que lo dudo; y no se meta en lo que no le importa.

ÁNGEL   ¡¿Cómo que no me importa?!

(*La megafonía, que hasta ahora se escuchaba sin que se entendiera una sola palabra, por un momento se oye con claridad.*)

MEGAFONÍA   Calma, calma, conserve la calma.

CONTRERAS   (*Contestando a la megafonía.*) Pero si yo estoy muy tranquilo. Si son ellos, que no paran.

MEGAFONÍA   Calma, y espere a que extendamos la lona.

(*Y siguen ruidos.*)

CONTRERAS   (*Observando cómo maniobran.*) Bueno, esto ya está mejor. (*Al* ÁNGEL.) ¿Ve? Con sus vallas, y no todos ahí, amontonados, que no había forma de tirarse sin matar a alguien.

MADRE   (*Mirando también.*) La verdad es que está quedando muy lucido.

CONTRERAS   Porque llegó la Policía. Mano dura. Si es que es lo único que entienden.

ÁNGEL   (*Con intención.*) Algunos ni eso.

MADRE   Bueno, a ver si extienden ya la lona, para
               que te mates en blando.

ÁNGEL   (*Para sí.*) Bueno, dentro de lo malo...

CONTRERAS   (*Apartándose de la* MADRE.) ¿Y qué digo yo
               ahora?

MADRE   ¿Se puede saber adónde vas?

CONTRERAS   (*Para sí.*) Dichosos nervios. ¡Que me he que-
               dado en blanco!

MADRE   Hijo, vuelve aquí. Acércate para que te em-
               puje. ¡Señor, qué lucha!

CONTRERAS   ¿Lucha? Claro, ¡lucha!, como el Führer: «Mi
               lucha». Empezaré con una cita histórica.
               ¡Grandioso! Eso puede quedar...

               (*A su espalda, encaramado en la techumbre
               del edificio –posición A–, asoma un* POLI *ar-
               mado con una metralleta.*)

POLI   (*En precario equilibrio.*) ¡Alto, en nombre de
               la ley!

CONTRERAS   ¡Coño!

               (*Y al volverse, tras el respingo, tiene que agi-
               tar los brazos en aspa para no caer.*)

MADRE   ¿Pero qué atropello es este?

ÁNGEL   Alabado sea Dios. Las fuerzas del orden.

POLI   (*A la* MADRE.) Apártese, señora, que es un individuo muy peligroso.

MADRE   ¿Mi hijo?

POLI   ¿Ese es su hijo?

MADRE   Sí, claro.

POLI   ¿Seguro?

MADRE   Si lo sabré yo, que soy su madre.

POLI   ¿Lucio García Contreras?

CONTRERAS   Servidor.

POLI   Pues queda usted detenido.

     (*Y, torpemente, se desliza por el tejado de pizarra.*)

MADRE   ¿Cómo es eso? Usted no es quién para detener a mi hijo.

ÁNGEL   Ya iba siendo hora de que alguien impusiera la ley y el orden.

CONTRERAS   (*Con actitud chulesca.*) ¿Y me piensa detener aquí en la cornisa, o a mitad de camino según vaya cayendo?

POLI   Pues no sé, la orden no lo especifica.

         (*Y al mirar hacia abajo, el vértigo lo deja paralizado.*)

CONTRERAS   ¿Le pasa algo?

POLI   Creo que me estoy mareando.

CONTRERAS   Vaya por Dios.

POLI   (*Pidiendo apoyo a* CONTRERAS.) Por favor, ayúdeme.

CONTRERAS   Pues no sé cómo. Mire, agárrese donde pueda, que es que yo ahora tengo que matarme, y no me puedo entretener en eso.

POLI   (*Que acusará el mareo durante el resto de la escena.*) Pues va a tener que dejarlo para más tarde, porque antes tiene que venir conmigo a comisaría.

MADRE   ¿A comisaría? ¡Pero usted qué se ha creído?

         (*Y trata de golpearlo con el bolso.*)

POLI   Señora, por favor, no se meta en esto.

CONTRERAS   Mamá. Déjalo ya. (*Dice, parando los golpes.*) Nada, que no hay manera de concentrarse. (*Al* POLI, *ofreciéndole la mano para ayudarle a bajar.*) Y usted, venga, traiga, cójase a mí.

MADRE   Déjalo que se rompa la crisma. (*Y como no le hace caso.*) ¿Pero quieres dejar de ayudarle y saltar ya de una puñetera vez?

POLI   Es inútil que salte. No va a poder huir. Está todo rodeado.

MADRE   ¿Rodeado? Le voy a dar yo a usted rodeado.

           (*E intenta golpearle de nuevo con el bolso.*)

CONTRERAS Mamá, por favor.

MADRE   A mi hijo no lo rodea nadie.

           (*Y sigue dando bolsazos al aire.*)

POLI   Estése quieta o disparo.

MADRE   Lo que es por mí, ya puede usted empezar a desperdiciar balas.

           (*Y ofrece el torso desafiante.*)

POLI   Mire que no respondo.

MADRE   Dispare, dispare. ¿No ve que yo ya estoy muerta? Así que figúrese, las balas a mí.

POLI   ¡Mecachis! (*Al tratar de apuntarla con el arma, vuelve a perder el equilibrio y tiene que agarrarse a las tejas de pizarra como una salamandra.*) ¡Ay! ¡Ay!

ÁNGEL   (*Al* POLI.) ¿Pero qué le ocurre?

CONTRERAS   ¿Le pasa algo?

POLI   Me da vueltas. Todo me da vueltas. (*Con la metralleta en una de las manos, trepa como puede por la cubierta de pizarra, tratando de retroceder.*) Creo que tengo vértigo.

MADRE   (*Sin dejar de dar bolsazos a la menor oportunidad.*) Pues no sabe lo que me alegro. Y le está bien empleado, por venir a detener.

CONTRERAS   Mamá, déjalo ya. ¿No ves que lo vas a tirar?

MADRE   Mira, ojalá se cayera, y así, ya de paso, veíamos cómo funciona la lona.

ÁNGEL   Señora, tenga un poco de caridad cristiana.

MADRE   Que la tenga él primero. Que a ver quién le manda venir a rodear cuando estamos de suicidio.

POLI   El comisario. Me manda el comisario. (*Y añade lastimero.*) Yo, yo yo, yo cumplo órdenes. O si no, ¿de qué me iba a subir aquí, con el miedo que me dan las alturas?

                  (*Y comienzan a darle arcadas.*)

CONTRERAS   Oiga, a ver si nos va a echar la pota encima.

POLI   ¡Puaaaagggg! ¡Puaaaagggg!

              (*Encaramado en la parte más alta del tejado, vomita hacia la otra vertiente de la cubierta.*)

CONTRERAS   (*Apartándose por si acaso.*) ¿Será posible?

MADRE   Qué asco.

ÁNGEL   No, si no nos va a faltar de nada.

POLI   (*Cuando termina de vomitar, según se vuelve, pierde de nuevo el equilibrio y baja escurriéndose por las pizarras.*) ¡Ay! ¡Ay ay ay!

CONTRERAS   ¡Cuidado! (*Sujetándole un pie.*) Apoye, apóyese usted aquí.

POLI   ¡Ay, Dios! ¿Quién me mandaría a mí?

MADRE   (*Sarcástica.*) El comisario, ¿no? (*Para sí.*) ¡Trasto de hombre! (*A su hijo.*) Y tú, no seas tonto y déjalo que se escoñe.

ÁNGEL   Señora, modérese.

MADRE   ¡Tanto rodear y tanto rodear!

ÁNGEL   (*Cogiéndole el otro pie.*) Traiga, póngalo en la barandilla.

              (*Y le conduce el pie para que lo apoye.*)

POLI   (*Viendo que se cae.*) ¡Ay, no no!

                (*Y no sabe qué hacer con la metralleta.*)

CONTRERAS   (*Cogiéndole la metralleta.*) Deme, démela, que se le va a caer y va a matar a alguien.

MADRE   ¿Quieres dejar ya que se caiga?

                (*Dice al tiempo que trata de darle un bolsazo.*)

CONTRERAS   (*Parando el bolsazo.*) Ay, mamá, por favor, estate quieta, que nos vas a tirar a los dos.

ÁNGEL   Es que es usted peor que él.

CONTRERAS   (*Se cuelga la metralleta a la espalda en bandolera y, cogiendo a* POLI *de la mano, lo acerca a la barandilla. Posición B.*) Coja, agárrese aquí.

                (*El* POLI, *con los pies ya en la cornisa que hay entre los dos balcones –posición C–, como no es consciente de dónde está, avanza un paso y frena, al borde del abismo.*)

POLI   ¡Ave María Purísima!

ÁNGEL   (*Automático. Como un resorte.*) Sin pecado concebida.

                (*Auxiliado por* CONTRERAS, *retrocede y pega la espalda a la cubierta. Y así permanecerá durante el resto de la escena, hasta que no se indique lo contrario.)*

MADRE   ¿Y se puede saber qué es lo que tiene el comisario contra mi niño?

POLI   Su niño, señora, se ha escapado de la cárcel.

CONTRERAS (*Al* POLI, *por bajo.*) Chis, chis. ¿Se quiere callar?

MADRE   ¡Mi niño?

POLI   Sí, señora, su niño. Llevándose al capellán como rehén.

ÁNGEL   ¡Al capellán?

CONTRERAS Lo puedo explicar, lo puedo explicar. Yo... Él...Yo…

ÁNGEL   ¡Has raptado a un Apóstol de Cristo?

CONTRERAS Eso es lo que ellos creen, pero que lo explico. Lo puedo explicar.

MADRE   Pues explica, explica. Pero explícalo ya.

ÁNGEL   Sí, anda, explícalo. Que ya te vale.

CONTRERAS Se ofreció él. Él fue quien se ofreció para hacer de rehén.

MADRE   ¿El capellán?

CONTRERAS   Sí, porque es un cura de los de verdad. Un cura con sotana y no así como usted.

ÁNGEL   Déjate de tonterías. ¿Pero cómo iba a prestarse un sacerdote a semejante cosa?

CONTRERAS   Sí. Porque decía que era de los nuestros.

ÁNGEL   ¿De los nuestros? ¿Qué nuestros? ¿Quiénes son los nuestros?

CONTRERAS   Pues los que piensan como nosotros.

MADRE   ¿Y desde cuándo te ha dado a ti por ponerte a pensar?

ÁNGEL   ¿Pero qué es eso de nosotros? ¿Quiénes sois nosotros?

CONTRERAS   Gente auténtica. Patriotas de los que ya no quedan. Al cabecilla —que fue quien me presentó al cura— lo conocí en la cárcel.

MADRE   ¿En la cárcel? ¿Y qué hacías tú en la cárcel?

CONTRERAS   Bueno, yo… yo es que…

MADRE   ¿Qué se te había perdido a ti en la cárcel, con la de delincuentes que hay en esos sitios?

POLI   Señora, estaba detenido.

MADRE   ¡¿Te habían detenido?! ¿A ti? (*Al* POLI.)¿Pero, por qué?

POLI   Por comerse la oreja de su jefe de sección.

MADRE   Caballero, mi hijo no es ningún caníbal.

POLI   ¿Ah, no? Pues si no lo sujetan, se come también la otra.

ÁNGEL   ¡Dios, qué expediente! A ver cómo le explico yo esto al Altísimo.

CONTRERAS   Lo puedo explicar.

ÁNGEL   Estupendo, porque se lo vas a tener que explicar tú; que lo que es yo...

CONTRERAS   No fue como él dice. Se la arranqué de un mordisco, sí, pero no me la tragué.

POLI   Eso es verdad, solo la masticó.

MADRE   (*Con repugnancia.*) ¿Le masticaste la oreja a un superior?

CONTRERAS   Nada, un poco solo, pero enseguida la escupí.

POLI   Sí, ya. Y en qué se vieron para sacársela de la boca.

MADRE   ¡¿Pero se la comió, o no se la comió?!

POLI   Bueno, tragársela, no.

MADRE   Entonces, ¿por qué exagera? Que se comió la
              oreja, dice. Así que métaselo en la cabeza y no
              diga más tonterías. Mi hijo no es ningún ca-
              níbal. Si lo sabré yo, que soy su madre.

ÁNGEL   En cualquier caso, reconozca que no son
              modales.

CONTRERAS   Fue en defensa propia.

POLI   ¿A eso le llamas tú defensa propia?

CONTRERAS   Me quería despedir.

ÁNGEL   Pues se lleva el caso a magistratura.

MADRE   Usted a callar. Que usted es quien tiene la
              culpa de todo.

ÁNGEL   ¿Yo?

MADRE   Sí, usted, que nada de esto le habría pasado
              si hubiera estado allí para defenderlo.

ÁNGEL   En caso de despido, quien tiene que defen-
              derlo es el sindicato.

MADRE   ¿Qué sindicato ni qué sindicato? Mi hijo
              no es ningún proletario, para que lo tenga
              que defender un sindicato. Ahora, si su án-
              gel le ha salido rana, aquí está su madre
              para defenderlo.

ÁNGEL   Señora, usted está muerta, conque poco pue-
         de defenderlo ya.

MADRE   (*Al Ángel.*) ¿Y qué? Las madres defendemos
         a nuestros hijos hasta después de muertas.
         (*Dándole la espalda.*) Y mire, olvídeme.

POLI   (*Perplejo.*) ¡Muerta? ¿Cómo muerta? ¿Qué
         es eso de que está muerta?

CONTRERAS   Pues eso, que está muerta.

MADRE   Sí, muerta, ya se lo dije antes.

POLI   A ver a ver a ver. ¿Entonces, si está muerta,
         que es lo que hace ahí, asomada al balcón?

CONTRERAS   Mamá es que ha venido en calidad de apa-
         recida.

ÁNGEL   De fantasma.

MADRE   (*Sin mirarlo siquiera.*) Y a mucha honra.

ÁNGEL   No. Si, con un hijo así, es como para estar
         orgullosa de ser su fantasma.

MADRE   (*Encarándose.*) Mire usted quién fue a ha-
         blar: el inútil de su Ángel de la Guarda.

POLI   (*Mira al Ángel, en el que no había reparado an-
         tes.*) ¡Es verdad! ¡Es un Ángel de la Guarda!

(Y vuelve a marearse, perdiendo el equilibrio.)

CONTRERAS   *(Lanzándose a sujetarlo.)* Agárrese a la barandilla o se la pega.

POLI   *(Frotándose los ojos.)* El vértigo. Tiene que ser el vértigo que me hace ver visiones. *(A* CONTRERAS, *incrédulo.)* ¿Un ángel? ¿De verdad es un ángel?

CONTRERAS   Eso dice él.

POLI   Ya. *(Y mira a la* MADRE.*)* Y ella, muerta, claro.

CONTRERAS   Eso sí que se lo puedo asegurar, porque como es mi madre…

POLI   Cuando lo cuente, no se lo van a creer.

CONTRERAS   *(Para sí.)* Qué manía con querer contarlo todo, para que nadie se lo crea.

MADRE   *(Recapacitando.)* ¿Y qué habías hecho tú para que te quisieran despedir? Porque algo habrías hecho.

CONTRERAS   Nada. Si todo fue porque quería publicar un artículo.

MADRE   Algo más harías, porque por eso no se despide a nadie.

POLI   (*Con soniquete.*) Cuenta, cuenta, cuenta lo
              que ponías en el artículo.

CONTRERAS   Pero si no fue por eso. Si fue porque decían
              que yo era fotógrafo.

MADRE   Sí señor, y muy bueno.

ÁNGEL   Tampoco se pase. Un paparazzi. Y del montón.

MADRE   ¿Un paparazzi? (*Dando bolsazos al aire.*) ¿Mi
              hijo un paparazzi?

CONTRERAS   (*Interponiéndose.*) Un fotero, un fotero. Y
              tengamos la fiesta en paz. (*Y cuando el re-
              vuelo amaina.*) Ahora, que conste, yo seré
              un fotero, pero también he hecho periodis-
              mo de investigación.

POLI   ¿Tú?

CONTRERAS   Cuando era joven. Antes de darme el golpe
              la cabeza.

MADRE   Nada, un golpe sin importancia. Que se cayó
              rodando por un acantilado. Pero nada serio.
              Cosas de críos.

ÁNGEL   ¿De críos? ¡Tenía treinta años!

MADRE   Pues eso, cosas de críos.

CONTRERAS   Pero ellos dijeron que, de tanto rodar, se me
             habían trastocado las ideas, y me largaron
             de la redacción. Por eso no quieren que es-
             criba editoriales.

MADRE   La envidia, que es muy mala.

CONTRERAS   Pero yo sigo investigando por mi cuenta; y
             he descubierto cosas que el mundo tiene que
             conocer.

ÁNGEL   ¡¿Tú?! Vamos, anda.

MADRE   No te fastidia, el angelote. A ver por qué mi
             hijo no va a poder investigar.

CONTRERAS   Eso, eso. Pero no solo investigar, es que ade-
             más tuve una revelación.

ÁNGEL   ¡Arrea!

CONTRERAS   Oí voces.

POLI   El Garganta Profunda, seguro.

CONTRERAS   Mensajes que debía revelar a la humanidad.

MADRE   Pero eso es extraordinario.

ÁNGEL   No sé qué le ve de extraordinario a que un
             fotógrafo se dedique a revelar.

MADRE   Ni maldita la gracia.

ÁNGEL   (*Dice al tiempo que bascula los dedos índice y
             pulgar.*) Revelar, revelación.

CONTRERAS   No se esfuerce, que lo hemos entendido.

POLI   (*Para sí.*) No es verdad. Esto no está pasando.

MADRE   Como gracioso es peor aún que como Án-
             gel de la Guarda.

POLI   (*Que continúa mascullando.*) No estoy oyen-
             do lo que estoy oyendo. Tiene que ser del
             vértigo.

ÁNGEL   ¡Una revelación! Y se queda tan pancho.
             ¿Ve? La enajenación mental sí podría ser un
             atenuante en el juicio.

MADRE   ¿En el juicio? ¿Qué juicio?

ÁNGEL   En el juicio final. ¿En qué juicio va a ser?

POLI   Y aquí en los tribunales, seguro que también.

CONTRERAS   ¡Ay, mira, déjalos! Que nos van a amargar la
             fiesta.

MADRE   Tienes razón, que digan lo que quieran, que
             nosotros, ni caso. Y dime, esas voces, ¿qué
             es lo que te decían?

CONTRERAS   Que mirara en Internet.

MADRE   ¿En Internet? ¿Y eso qué es?

CONTRERAS   Un sitio en el que se cuentan las verdades ocultas. Cosas terribles que no te cuentan los telediarios. Así que lo fui apuntando todo y escribí un editorial.

MADRE   Bien hecho.

CONTRERAS   Por eso querían echarme, porque exigí que me lo publicaran. Pero nadie más que ellos puede escribir editoriales.

MADRE   Pero... Ellos, ¿quiénes?

ÁNGEL   Sí, ¿quiénes son ellos?

CONTRERAS   Los infiltrados.

POLI   (*Estallando.*) ¡¡Pero qué infiltrados?!

CONTRERAS   Dicen que son periodistas, actúan como periodistas, pero son infiltrados: Lacayos del Capital. Esquiroles de la Banca Internacional.

MADRE   ¡Hijo, modérate!

CONTRERAS   Ellos son los que se inventan la crisis, los que administran los escándalos, los que organizan las catástrofes. Con la caída del Muro de Berlín y el desmantelamiento de las Repúblicas Socialistas Soviéticas...

MADRE   (*Aterrada.*) ¡Eso es política! Estás hablando de política.

CONTRERAS   Sí, pero escucha.

MADRE   Hijo, déjate de políticas. ¿O qué quieres, acabar como el rojo de tu padre, lleno de enfermedades guarras?

CONTRERAS   ¡Ay! Pero déjame acabar.

MADRE   No, si la culpa es mía por haberte abandonado. Un niño aquí solo, sin el amparo de su madre. Que no sé quién me mandaría morirme.

ÁNGEL   Dios.

MADRE   ¿Cómo?

ÁNGEL   Sí, que fue Dios quien le mandó morirse.

MADRE   Pues no tenía que haberle hecho caso.

POLI   ¿Pero por qué me tienen que tocar a mí estos servicios con la cantidad de delincuentes normales que hay por ahí?

CONTRERAS   (*Imponiéndose.*) ¿Sabéis quién inventó el virus ese que dicen que había? Las multinacionales. Ellas fueron las que se lo encargaron a los chinos. Y como vieron que era negocio, ahora siguen invirtiendo en virus, no sea que no haya más guerras mundiales, y tengan que cambiar el tráfico de armas por el de las vacunas. De eso trata el artículo que no me han querido publicar.

MADRE   (*Al* POLI.) Escuche, escuche.

CONTRERAS   Están haciendo con nosotros como con los ordenadores. Primero nos infectan y luego nos venden los antivirus. Pero ojo con las vacunas, que tienen mucho peligro. Quieren imponer un Nuevo Orden Mundial y para poder controlarnos mejor les han incorporado un *chic*.

MADRE   ¿Un *chí*?

CONTRERAS   Sí, una cosa pequeñita que nos meten en la sangre para controlarnos. Nos quieren convertir en borregos, y las mascarillas no son sino un primer paso para irnos domesticando.

MADRE   (*Al* POLI.) ¿Pero está usted oyendo?

POLI   Por mí, como si dice misa. Esto es una democracia y hablar no es delito. Ahora, si mastica una oreja, aunque no se la trague, no hay más narices que llevarlo ante un juez.

CONTRERAS   Por eso hay que negarse. Tenemos que resistir: nada de mascarillas, nada de vacunas, y si nos obligan a vacunarnos, habrá que levantarse en armas.

POLI   Al loro con el nuevo Código Penal, que eso es inducción a la violencia.

MADRE   (*Sin saber qué actitud tomar.*) Hijo, dices unas cosas que me parece estar oyendo al bolchevique de tu padre.

POLI   Señora, su hijo qué va a ser un bolchevique. Su hijo es un fotógrafo de brocha gorda.

MADRE   ¿De brocha gorda? ¿Qué es eso de…?

POLI   Sí, un nazi.

MADRE   Pero, ¿qué dice? ¿Qué tontería está diciendo? ¿Cómo va a ser un nazi, si ni siquiera es alemán?

POLI   Pues un *pirao*, o un necio, o un majara. Llámelo como quiera. Ahora hay quien los llama negacionistas. Pero lo llame como lo llame, en el fondo lo que es, es un imbécil. Por eso hay que andarse con cuidado, que los imbéciles pueden dar mucho juego creando problemas.

CONTRERAS   Un abanderado del Nuevo Orden Mundial, eso es lo que soy.

ÁNGEL   A ver, a ver, a ver, que yo me aclare, ¿pero no decías que estabas en contra? ¿O tú con quién vas?

CONTRERAS   Yo con quien gane.

ÁNGEL   ¡Acabáramos!

CONTRERAS   Con unos o con otros, ¿qué más da? Si me
             lo hubieran publicado, iría con ellos; pero
             como me lo prohibieron, ahora me van a te-
             ner enfrente.

POLI   ¿Ve? Lo que yo le decía: de brocha gorda.

CONTRERAS   Cuando salte al vacío, la gente preguntará
             por qué lo hice y, cuando se sepa el motivo,
             no tendrán más remedio que publicarlo, por-
             que los lectores se lo exigirán. Y no solo ese
             artículo, también todos los demás.

MADRE   ¿Pero es que has escrito más?

CONTRERAS   Por supuesto. Los campos de concentración
             y lo de los hornos crematorios son pelícu-
             las que rodaron en Hollywood. Como la lle-
             gada del hombre a la Luna, otra patraña.

MADRE   Este hijo mío es un portento.

CONTRERAS   Nos engañan constantemente: fíjate que la
             Tierra, que nos habían hecho creer que era
             redonda como una naranja, ahora resulta
             que es plana como una galleta.

POLI   (*Para sí*). Y además, terraplanista.

MADRE   ¿En serio?

CONTRERAS   Como lo oyes.

MADRE   ¿Y cómo te has enterado tú de todo eso?

CONTRERAS   Por Internet. Todo está en Internet. Luego hay que investigar, claro, y contrastar las informaciones. (*Dándose importancia.*) Aunque eso ya es otro nivel.

              (*Coge la bolsa en la que guarda los panfletos.*)

MADRE   ¿Están oyendo? Es que es extraordinario. Puede ganar el Nobel.

POLI   Sí, el Nobel de panadería, que menuda empanada.

MADRE   ¿A que sí?

POLI   Señora, resucite y ponga los pies en la tierra.

ÁNGEL   Pierdo el puesto. De esta, como poco, me mandan a purgatorios.

CONTRERAS   (*Con los panfletos en la mano.*) ¿Qué creían, que iban a poder con nosotros? Pues se equivocan. Somos más de lo que se imaginan. Y más que vamos a ser. Hay mucha gente por ahí sin ilusión, sin ideales y sin futuro; que cuando conozcan mi mensaje me seguirán hasta la muerte.

POLI   Pues vaya un porvenir.

CONTRERAS   (*Mostrando los panfletos.*) El capellán fue quien hizo las fotocopias. (*Al* POLI.) Y no crea que fue difícil escapar; también hay funcionarios que están de nuestra parte. (*En actitud solemne.*) Por eso, ahora, gracias al esfuerzo de mis camaradas, y delante de las cámaras de la televisión, lanzo al mundo mi mensaje.

            (*La* VECINA *irrumpe en la terraza de enfrente –posición E–, seguida de* FOTO, *cámara en ristre.*)

ÁNGEL   (*Para sí.*) Los que faltaban.

CONTRERAS   (*Lanzando un puñado de panfletos.*) Mi lucha… Mi lucha… Mi lucha es mi lucha.

VECINA   (*Refiriéndose a las octavillas que revolotean en todas direcciones.*) Huy, qué bonito. Podía habérmelo dicho, que tengo yo confetis que me sobraron del carnaval.

            (*A partir de este momento, cuando cualquiera de ellos hable con alguien que esté situado en la casa de enfrente, lo hará con el tono y la actitud de quienes se comunican a distancia, pero sin excederse, porque la calle tampoco es tan ancha.*)

FOTO   ¿Pero cómo no me avisó de que iba a tirar octavillas?

CONTRERAS   (*A* FOTO.) ¿Y tú que haces ahí? ¿Cómo es que te has subido?

FOTO   Por coger este otro ángulo. (*Sin dejar de fotografiarlo.*) Pero tíremelas, tírelas hacia mí.

CONTRERAS   (*Lanzando un puñado de octavillas hacia la terraza de enfrente.*) ¿Así?

FOTO   Estupendo.

POLI   ¿Y esos, quiénes son?

ÁNGEL   La vecina y un fotógrafo de «La Voz de su Amo». Creo.

POLI   ¿Pero están vivos?

ÁNGEL   De momento sí.

CONTRERAS   (*Que sigue tirando octavillas y posando.*) Mi lucha es mi lucha.

FOTO   Muy bien. (*Sin dejar de fotografiarlo.*) ¡Espléndido!

VECINA   ¡Oiga! ¿Pero cuándo se va a tirar?

CONTRERAS   (*Al reparar en la* VECINA.) ¡Maldición!

VECINA   Que no es que tengamos prisa. Es, más que nada, por saber.

CONTRERAS   ¡Pero usted qué es lo que hace ahí?

VECINA   Doña Aurora, que nos ha invitado a que lo veamos desde su terraza. Que dice que desde aquí se va a ver mucho mejor. Y es verdad, porque se ve muy bien.

CONTRERAS   (*Para sí.*) Señor, qué pesadilla.

VECINA   Ella es que ha tenido que llevar el perro a la peluquería, pero que viene enseguida. Si pudiera esperarla…

FOTO   Tampoco conviene retrasarse demasiado. (*A* CONTRERAS.) Por la hora del cierre. Ya sabe cómo son en el periódico.

VECINA   Pero si sube enseguida.

CONTRERAS   Yo es que ahora tengo una misión que cumplir.

MADRE   Cállense. No lo distraigan. ¿No ven que está cambiando el mundo?

POLI   ¿Pero cómo va a cambiar el mundo con esos papeluchos? Mire, señora, ¿cómo se lo tengo que decir? Su hijo es un imbécil. Un cretino.

MADRE   (*Dándole un bolsazo.*) ¡¡Un imbécil, mi hijo?!

POLI   Que por lo que veo, no desentona.

MADRE   (*Y nuevo bolsazo.*) ¡¿Mi hijo, un cretino?!

POLI   (*Cogiendo el bolso al vuelo.*) Sí, un imbécil,
              un cretino, un insensato, un papanatas, un
              necio. (*Y, de un tirón, le arranca el bolso de
              la mano.*) Y no hay nada tan peligroso como
              un necio defendiendo una necedad.

CONTRERAS   (*Tras tirar las últimas octavillas, coge la me-
              tralleta del* POLI, *que ahora lleva él en bando-
              lera, y, elevándola sobre su cabeza, grita.*) ¡Viva
              el Orden Nuevo!

ÁNGEL   Se equivoca. Hay algo mucho más peligroso.

POLI   ¿Sí? ¿Qué?

ÁNGEL   Un necio defendiendo una necedad con un
              arma en la mano.

POLI   (*Reacciona.*) ¡Cielos, la metralleta! Deme eso
              ahora mismo.

CONTRERAS   ¡Viva el Orden Nuevo!

ÁNGEL   Pero aclárate. Si tú estabas en contra del Or-
              den Nuevo ese.

CONTRERAS   Qué más da. En llegando a este punto, eso
              es lo de menos.

POLI   Que me la des, te digo.

108

CONTRERAS   (*Apuntando al* POLI.) Quieto ahí o acabamos la fiesta a tiro limpio.

         (*El* POLI *pone los brazos en alto.*)

MADRE   Hijo, ten cuidado, no vayas a hacerte daño. Que las armas las carga el diablo.

ÁNGEL   (*Al* POLI.) ¿Ve lo que pasa por poner las armas en manos de cualquiera?

POLI   ¡Me mareé!

ÁNGEL   Pues esperemos que con ese mareo, no pierda la cabeza más de uno.

CONTRERAS   (*Autoritario.*) Y ya está bien de conversación. (*Al* POLI.) Usted a callar. (*Al* ÁNGEL.) Y usted, si es de verdad un ángel, mueva las alas y salga de aquí volando.

ÁNGEL   (*Al* POLI.) ¿Se lo dije?

MADRE   Hijo, más respeto. Que, aunque sea un inútil, al fin y al cabo es tu Ángel de la Guarda.

D. AURORA   (*Según entra en la terraza, posición E.*) Ya estoy aquí. Ya estoy aquí.

VECINA   (*A* FOTO.) ¿Ve como no tardaba? (*A* CONTRERAS.) ¡Que ya ha venido! ¡Que ya se puede *usté* tirar!

CONTRERAS   (*Dirigiéndose a* DOÑA AURORA, *hecho una fiera.*) ¡¿Se puede saber qué es lo que hace ahí?!

D. AURORA   Bueno, yo...

MADRE   (*Que la reconoce.*) Si es doña Aurora.

(*Y la saluda cordialmente con la mano.*)

VECINA   ¿Pero es que no la conoce?

CONTRERAS   Sé perfectamente quién es. Lo que quiero saber es qué coño hace ahí.

MADRE   Hijo, más respeto, que es una señora.

D. AURORA   Pues lo que todos: ver cómo se tira.

CONTRERAS   ¡Fuera!

MADRE   Está en su casa. Bueno, en su terraza.

CONTRERAS   (*Para sí, muy avenado.*) ¡No la soporto! ¡Es que no la soporto!

D. AURORA   ¿Pero se va tirar, o no? Es que la gente se va a ir si tarda usted demasiado.

CONTRERAS   (*Apunta con la metralleta a* DOÑA AURORA.) ¡Guarra de mierda!

(*Y comienza a disparar sobre ella.* DOÑA AURORA *cae herida y la* VECINA *corre a su lado para auxiliarla. Al tiempo que el* ÁNGEL, *espantado, se tapa el rostro con el reverso de la mano con actitud melodramática, y la* MADRE *lo celebra divertida, con aplausos pequeños y nerviosos.)*

MADRE   ¡La traca! ¡La traca! ¡La traca final!

POLI   (*Reacciona automáticamente.*) Alto o disparo.

(*Encogiéndose al ver que no tiene con qué.*)

CONTRERAS   ¿Que disparas? ¡Con qué coño vas a disparar tú? Aquí quien dispara soy yo.

(*Dice, mientras dispara sobre él.*)

POLI   Esto sí que es un mareo.

(*Y desliza su espalda por la cubierta de pizarra hasta quedar abatido en la cornisa.*)

D. AURORA   (*Moribunda, dice jadeante:*) Vecina, vaya usted a recoger al perro a la peluquería.

(*Y muere.*)

FOTO   (*Que no ha dejado de tomar fotos.*) Hacia aquí, hacia aquí, dispare hacia aquí, que le saque de frente.

CONTRERAS   ¿Así?

(*Y le dispara una ráfaga.*)

FOTO   (*Sin dejar de accionar el disparador.*) ¡Esta, esta va ser la buena!

(*Y muere cámara en ristre.*)

MADRE   Hijo, contente, que te vas a quedar sin balas para ti.

ÁNGEL   Por eso no se preocupe, que ya le dispararán desde abajo.

(CONTRERAS *busca a la* VECINA, *que, agachada junto a* DOÑA AURORA, no queda visible desde su posición.*)

CONTRERAS   (*Para sí.*) ¿Dónde estará esta? (*Y la llama.*) ¡Vecina!

VECINA   (*Incorporándose.*) Estoy aquí.

CONTRERAS   (*Disparando a la* VECINA.) Te pillé.

VECINA   (*Corre, tratando de escapar.*) A mí no, a mí no, que soy tu vecina.

(*Hasta que es alcanzada por los disparos, cae y muere.*)

CONTRERAS   Y que no le tenía ganas.

ÁNGEL   El Señor la acoja en su seno.

MADRE   No, si al final vamos a volver a ser vecinas antes de lo que ella creía.

CONTRERAS   ¡Viva el Orden Nuevo! (*Y vacía el cargador a diestro y siniestro, hasta agotar la munición, sin herir ni a la* MADRE *ni al* ÁNGEL DE LA GUARDA, *por razones obvias. A los gritos que se oían en la calle de gente que huía despavorida, se suman los disparos que las fuerzas de orden público hacen sobre* CONTRERAS. *Al ser alcanzado por los disparos, grita.*) ¡Viva la muerte!

     (*Y cae al vacío, tras lo que se escuchará un golpe seco. Salpicaduras de sangre de gran tamaño se proyectan sobre la escenografía.*)

MADRE   Pero hijo, ¿cómo es que te matas sin antes darle un beso a tu madre?

ÁNGEL   (*Elevando la vista al cielo.*) A ver cómo explico yo esto ahora.

MADRE   ¿Y por qué habrán soltado la lona los bomberos? Total, por unos disparos de nada.

ÁNGEL   (*Mirando a la* MADRE *con conmiseración.*) En fin, alegaré en su defensa: estupidez hereditaria. No se me ocurre un atenuante mejor.

MADRE   Pobre hijo mío. Con lo duro que tiene que ser matarse sin lona.

(Y así, permanecen inmóviles mientras se hace oscuro, o cae el telón.)

Fin

Final alternativo

En los teatros en los que no se disponga de foso practicable con apertura suficiente para instalar un dispositivo amortiguador que garantice la seguridad del actor cuando cae a la calle, CONTRERAS *morirá, junto a* POLI, *en la cornisa.*

Para dar mayor veracidad a la escena, pueden estallarse ampollas de sangre bajo el pijama; recurso que puede emplearse igualmente con DOÑA AURORA, POLI, FOTO *y* VECINA, *si el presupuesto de vestuario y tintorería lo permitiera.*

En este final alternativo tendrían que suprimirse las intervenciones de la MADRE *que hacen referencia a la caída, de forma que sería el* ÁNGEL *quien cerraría la obra, uniendo sus dos últimas intervenciones.*

Un sainete de vértigo

Cuando escribo estas líneas, en un lugar de la montaña leonesa durante la Semana Santa, llega por azar a mi mesa de trabajo un número de la revista *Novelas y cuentos,* de gran popularidad en los años cincuenta y sesenta del pasado siglo. Su título, *Teatro breve*; su autor, Enrique Jardiel Poncela, tan incomprendido acaso en su tiempo como Jesús Campos, autor de esta obra que me honro en prologar, en el suyo. Se recogen en el ejemplar unos cuantos diálogos característicos del humor inverosímil que con tanto genio e ingenio cultivó el creador de *Eloísa está debajo de un almendro.* Hay parodias chispeantes de gracia y talento, junto a varios sainetillos agrupados bajo el rótulo de «El teatro y la realidad», cuya intención pirandelliana, *ma non troppo,* porque la pedantería le era del todo ajena, justifica así Jardiel: «Cuando les digan a ustedes que el teatro es el fiel reflejo de la vida real, siéntense en un sillón, colóquense en una postura cómoda y ríanse hasta la congestión pulmonar. Entre todos los géneros literarios, el teatro es el más falso, el más fatídico y el más alejado de la realidad». Y, para demostrar su tesis, ofrece tres ejemplos de cómo dramatizar una situación en la que una esposa, «obligada por las circunstancias», entera a su marido de que le ha sido infiel. O sea, el adulterio de toda la vida, pero dicho al modo perifrástico que a Jardiel le gustaba tanto. El primer caso lo da el autor «al través de la alta comedia»; el segundo, «al través del sainete»; y el tercero, al través de la realidad monda y lironda. En los tres casos, Jardiel juega con el fuego de su humorismo irresistible. (Confieso que, cuando leo sus comedias y novelas, me parto literalmente de risa en la soledad de mi cuarto.) Ahora bien, para rematar el sarcasmo y cerrar el círculo del disparate, resulta que es el caso tercero, es decir, el diálogo de cómo tendría lugar en verdad la escena entre la mujer adúltera y el marido cornudo, el más teatral posible, de donde se concluye que el teatro es, a la postre, más real que la vida misma.

De acuerdo con la tipología de Jardiel, me atrevo a clasificar *Lo niego, me niego, reniego (Para acabar a tiro limpio),* dentro del segundo caso o ejemplo, el del sainete, un género que, pese a su aparente levedad, lleva en sí una carga crítica y social nada desdeñable. Además, el sainete es género fundamental en la tradición teatral española. Sin el sainete (Ramón de la Cruz, González del Castillo) nuestro teatro dieciochesco sería más inocuo y tedioso aún de lo que ya lo es. Sin el sainete no se hubiera dado esa revolución del lenguaje que tanto admiró Rubén Darío en los libretistas del género chico. Sin el sainete no hubiera sido posible esa obra maestra −«tragedia grotesca» la llamó finalmente Arniches– que es *La señorita de Trevélez*. Sin el sainete y su mirada deformadora Valle-Inclán nunca hubiera dado en la invención del esperpento. Sin el sainete tampoco se explicaría *Historia de una escalera* –en puridad, una tragedia– con la que Antonio Buero puso patas arriba la escena de la posguerra. Sin el sainete no se entiende el cine de Berlanga o de Sáenz de Heredia, ni los autores de la mal llamada generación realista (Lauro Olmo o Rodríguez Méndez), o, incluso, un neovanguardista de culto como Paco Nieva, que ingresó en la Real Academia Española con un discurso sobre el teatro por horas. Sin el sainete es imposible comprender el ambiente escénico de los 80 (Cabal, Alonso de Santos, el propio Campos), el espíritu que animó la «movida» madrileña e, incluso, las primeras películas de Almodóvar. Y, en fin, sin el sainete, bien que despojado de su entraña casticista, tampoco se entendería el teatro de Jardiel Poncela, ni esta obra de Jesús Campos, que vio la luz por vez primera en la revista del Instituto del Teatro de Madrid, *Pygmalion* (nº 14, 2022), y que, a falta de subir a las tablas, se reedita ahora, pues el teatro no está solo para verse sino también para leerse, como se hacía en el pasado y, como promovió Jesús Campos en su magnífica etapa como presidente de la Asociación de Autores Teatrales.

En el epílogo a aquella edición, advertía Ignacio del Moral acerca de la filiación jardielesca de *Lo niego, me niego, reniego*: «Las obras de Jesús Campos siempre sorprenden por la agilidad de los diálogos, en los que nos reencontramos con lo mejor de la escuela de ese humor sin gags ni chistes propios del teatro cómico de nuestro siglo XX. Ese humor digamos conversacional que cultivaron, desde otras posturas ideológicas, nuestros predecesores comediógrafos de la otra Generación del 27 (Mihura, Jardiel, [López] Rubio, Tono)». Ello acredita –añadiré por mi cuenta– que el buen humor, la buena literatura están, pese a cuanto digan los ideólogos, críticos o historiadores más ideologizados, por encima de las ideologías. No sé en qué lugar de su abundante obra articulística, nuestro autor, a quien nadie podrá discutir su compromiso con la causa de la libertad cuando no la había, despotrica contra «los sermones de izquierda» a que tan dados son hoy algunos dramaturgos de –como suele decirse– rabiosa actualidad. Por cierto, que esta expresión de Campos me recuerda la que utiliza Arnold Hauser en su añeja pero aún provechosa *Historia social de la literatura y el arte,* cuando, al considerar la dramaturgia del siglo XVIII, señala cómo los ilustrados, por mor de su bienintencionada ideología reformista, convirtieron los escenarios en «púlpitos laicos». Hauser podría haber apoyado su brillante tesis con algunas otras secuelas no menos perniciosas que esa para el arte dramático. Así, por caso, las que se dieron en la España de Carlos III, tal la prohibición de los autos sacramentales y los entremeses, o la «cancelación» –palabra hoy por desgracia tan de moda– de nuestros grandes dramaturgos del barroco. Son circunstancias estas –apología del arte benefactor o «buenista», defensa de la censura por parte de las elites políticas e intelectuales, prohibicionismo general, corrección política, etc.– que ofrecen notable paralelismo con las de hoy, para la cultura, en general, y el teatro en particular. A nuestros teatreros más abducidos por la buena nueva del *wokismo* –que los hay, y a espuertas– les recomiendo la lectura de *Himno de retirada. La muerte de la libertad de expresión y por qué nos saldrá cara,* el libro donde el gran David Mamet recopila sus artículos publicados en *The New York Times,* valientes y provocativos, *comme il faut…*

Mas volvamos a Jardiel y a Campos, en cuya escritura de los últimos años domina el absurdo; un absurdo obviamente español, mucho más divertido que el francés, pese a que este goce de un mayor caché intelectual. Ciertos prejuicios políticos no han hecho toda la justicia debida a Jardiel y sus compañeros de generación, todos formados en el ramonismo de Gómez de la Serna, y todos de derechas, aunque en el fondo extremosamente liberales y bastante más avanzados, en cuestiones de moralidad y sexualidad, que muchos autores de izquierdas. Jardiel, después de haber sido programado *ad libitum,* temporada tras temporada, en el Teatro Español, cuando lo regía de manera caprichosa Pérez Puig, hoy casi ha desaparecido del repertorio, y su rescate no vendría mal en estos tiempos en que el humor se hace más necesario que nunca; una necesidad de la que ha hecho virtud Jesús Campos en su teatro de los últimos años.

Tomemos, por ejemplo, sus *Entremeses variados,* una original aportación suya a la dramaturgia breve, en la que de nuevo se advierte el influjo jardielesco desde la conformación de los diálogos, a base de interlocutores que llevan los originales nombres de Yo y Tú, Él y Ella, Pena y Pene, etc., hasta la resolución absurda del conflicto y la sátira de las costumbres. Si Jardiel se empeñó en caricaturizar las convenciones de su época, tan determinadas por la moral represora y la falta de libertades en la España del nacionalcatolicismo, Campos dispara contra las no escasas de nuestro tiempo, pero sin dejar que la risa encubra o trivialice la crítica, que las burlas anulen las veras. Así, en su colección entremesil se satirizan modos y modas de la posmodernidad de nuestros pecados, desde el deconstruccionismo derridiano, en virtud del cual la gastronomía ha pasado a ser una manifestación de alta cultura, hasta los programas de televisión dedicados al famoseo y al pedorreo, así como el ridículo supremacismo de ciertas opciones sexuales (*Me acuso de ser hetero* es un monólogo desternillante). En ocasiones, el autor abandona el humor blanco para hacerlo negro negrísimo, como en el microentremés titulado *La ruleta rusa,* que no lleva palabras y se resuelve en pantomima trágica alrededor de un yonqui que, tras intentar infructuosamente matarse con una pistola, se dispara un tiro con la jeringuilla con la que se inyecta la droga... Hace unos meses el dramaturgo me hizo llegar, para sorpresa mía, una novela que, aunque recién publicada, venía al parecer de lejos: *Mundo cruel,* su primera incursión en el género narrativo. En la presentación, Campos traza la genealogía del relato, en la que de nuevo aparece el nombre de Jardiel: «*Mundo cruel* desciende directamente del *Quijote* en lo que a despropósitos se refiere [...]. Valle-Inclán también dejó su huella en las situaciones esperpénticas, que las hay –el humor, compañero de la amargura–; como Torrente Ballester, de cuya *Saga/fuga de J.B.* guardo tan grato recuerdo; aunque tal vez sea Jardiel Poncela quien mejor avale este modo de enredar con la ficción».

De este modo, ficción narrativa y ficción dramática se dan la mano en la creación literaria de Campos, transida de ese escepticismo que parece haberse extendido por todo el mundo tras la pandemia del año 20. No en vano el protagonista de *Lo niego, me niego, reniego* es un periodista al que su periódico se ha negado a publicarle un artículo acerca del maldito *covi*, por dar cauce a «esas verdades ocultas» que corren por internet y que otros, según los gustos, llaman bulos: «¿Sabéis quién inventó el virus ese que dicen que había? Las multinacionales. Ellas fueron las que se lo encargaron a los chinos. Como ven que ya no hay forma de hacer más guerras mundiales, quieren sustituir el negocio de las armas por el de las vacunas».

Lo niego, me niego, reniego pudiera haber llevado el mismo título de la novela, *Mundo cruel,* porque la crueldad ambiental informa la desesperada y al tiempo grotesca decisión de suicidarse que toma el protagonista, encaramado en la cornisa de la casa donde vive, con el propósito de convertir su tentativa de suicidio en un espectáculo la mar de mediático. Nada nuevo bajo el sol de «la civilización del espectáculo», sobre la que reflexionara con tanto fundamento Mario Vargas Llosa antes de contribuir él, involuntariamente desde luego, a la mayor gloria de la misma. El candidato a suicida lleva el inequívoco nombre de Contreras, pues es a la contra como encuentra su lugar en el mundo y como quiere despedirse de él. A diferencia de Max Estrella, que invita a su perro don Latino a regenerarse con un vuelo desde el Viaducto en la intimidad de la noche bohemia de Madrid, Contreras no quiere pasar desapercibido y desea dar la mayor publicidad a su heroico acto, pues «lleva toda la vida cubriendo sucesos» y aún no ha visto «un suicidio como Dios manda». De modo similar a la disposición de ciertos entremeses barrocos –ante un personaje principal desfilan otros, singularizados por algún vicio, patología o extravagancia, las llamadas *figuras*–, en *Lo niego, me niego, reniego* aparecen varias figuras, físicas y metafísicas: una vecina, un fotógrafo, un ángel, un policía, la madre del *prota* resucitada *ad hoc*… La Vecina es una criatura sainetesca de pro, como lo denota su castizo verbo: «Menudo chasco, estar viviendo *paré* por *mitá* y perderme una cosa así, tan *señalá*», dice al poco de ver a Contreras iniciar su *performance* suicida. Da gusto escuchar a esta mujer, representante de «la gente del pueblo», que –como cantaba el Julián en *La verbena de la Paloma,* sainete fetén donde los haya– también «tiene su corazoncito».

Pero estamos en tiempos posmodernos, y a las vecinas se van uniendo otros personajes más acordes con ellos, como Foto, el *paparazzi* presto a recoger el pálpito de la actualidad, este suicidio, por ejemplo, cuyo protagonista es además colega suyo, pues por él sabemos que Contreras trabaja como periodista en ese periódico que todos leemos todas las mañanas, *La Voz de su amo,* una cabecera que tanto vale para un roto conservador como para un descosido progresista. Foto está encargado de la sección necrológica del diario, así es que nada más adecuado para ella que el reportaje que cubre a lo largo de la farsa, directo y al grano, pues él está especializado en los pies de foto contundentes, sin mala literatura que valga…

A los personajes de carne y hueso se añaden los de alma y sin hueso, como el Santo Ángel de la Guarda, que viene a echarle una mano, en el buen sentido, a Contreras, que para mayor inri es *asnóstico*, feliz hallazgo léxico del autor y que debiera incorporarse al diccionario académico, porque puede tener amplia aplicación en todos los campos, no solo en el religioso. El Ángel es de lo más sensato: «Vamos, hijo, deja ya de hacer el payaso, que mira el circo que estás montando». Con esta criatura angelical, que nos retrotrae a nuestra más tierna infancia, accedemos a la dimensión sobrenatural del sainete, en la que no extraña que la Madre del protagonista llegue del otro mundo. En la galería no falta el Policía que, armado de una metralleta, se encarama en la cornisa del suicida para detenerlo en nombre de la ley, aunque –al igual que el personaje de la celebérrima película de Hitchock– padece vértigo.

Por último diré que, de los dos posibles desenlaces de la obra, me quedo con el alternativo, pues la última palabra, como sucedía en los misterios medievales, la tiene el Ángel, aunque este sea un ángel tan pasota y jardielesco.

Javier Huerta Calvo

Esta primera edición de *Lo niego, me niego, reniego*,
de Jesús Campos García, terminó de imprimirse
en mayo de dos mil veinticinco,
en Madrid.